稿本王文韶日記

第五册

（清）王文韶　撰　杭州圖書館　整理

國家圖書館出版社

第五册目録

清光緒二十四年（1898）

清光緒二十六年（1900）

清光緒二十七年（1901）

清光緒二十八年（1902）

乙未日記全
K
251
160
V15

光緒二十一年歲次乙未六十六歲

元旦晴　卯初進內辰初二刻　慈寧宮朝賀辰正二刻　太和殿

朝賀列京官一品之末回寓小憩午後就近拜客晤麟芝菴

協揆及頌閣仲山軍機處諭交本任內年例　恩賞福字

食物文內叙明十二月三十日由　內交出日內應即具摺謝

恩也此次到京已迫歲暮舊時姻好於兩次行禮時始得晤面

初二日晴　東北城拜客順看文蘭舫病對之惻然已出未歸（仲華來深）談始知此

次叫來之由孫賀篤航同年來長余三歲精神矍鑠則勝余多矣

初三日晴　西北城拜客至秋坪宅一看見舜臣夫人及小世兄（兆麟）年十

二歲相貌大方一綫之延賴有此耳未初恭邸傳至督辦軍務處

面交給事中余聯沅本日呈遞摺片各一件傳旨飭速赴津當
將此行應辦事宜預為陳及慶邸及翁李榮仲華長石農麟均
在座下午訪小雲談孝蘭翁邀便飯申正赴之並無他客一主一賓暢談
一切戌正回寓約延仲穆世兄熙來夜談日間屢次樞顧均相左也久不
得眷屬行程電報正深系念今日接沙市電知於臘月廿一日抵常德
二十四日開行孩子們皆出疹子一律順利想須在臨資口度歲矣
初四日晴　午前見客四五起姊平邀便飯申初赴之石窓亦邀便飯
酉正赴之翁處頌閣陪錢處陸鳳石蔚庭鹿芝軒陪席間無非
議論時事而已亥正回寓尚不甚累
初五日晴　遞本任例賞福字食物謝恩摺寅正進內候牌子

下即散仍小憩午刻西南城拜客晤蔚庭及李新吾缉斋是日移

居杭郡館因外城客尚未拜也沈姊均世兄文煇夜談

初六日陰昨晚得雪二寸餘午後拜客晤許竹均翁稼軒夏勇葊昆

仲孫慕韓昆仲沈姊均世兄申正回寓蔚庭來談稼軒同晚膳言逕

君棨瑞高及部班例兩人均平言楊仁山楷官戶部主事無錫人

初七日晴午後拜客向黃漱蘭同年病訪李石農少宗伯文田久談向

未識面而傾慕已久初次接教深愜素懷石農精相法謂余一生

平穩無風波後嗣必有以科甲起家者自維德薄非不敢作妄想也蓮蓀

之第八子來見名桂秋年十六唱彩鬮生英秀不俗蓮蓀已於前年六

月物故迴憶四十年前舊游不禁感慨係之恭閱上年八月十六日88

皇太后六旬萬壽崇上　徽號　恩詔京官文職四品以上外官文

職三品以上各廕一子入監讀書　隆恩廣被真曠典也鄙人忝竊高

位恭遇　特恩此次應以長孫鈺孫承廕即托濮芷泉樞部子潼代爲

呈明辦理是日天氣嚴寒僉謂近年所罕有

初八日晴　竟日見客朱北園姑丈克揚之孫壽松以縣丞分發湖北來見北

丈屬其以香雪姑祖留遺茅山紀游圖一冊見歸我家故物彌足寶也

戴青來太史暨厚齋昆仲慕韓昆仲約便飯設慕韓宅酉初赴之

方勉甫觀察在座楨兒亦與焉暢談甚適亥正始散

初九日晴　奉軍機處抄發余聯沅條陳一摺竟日見客介軒攜樽

夜談甚暢

初十日晴 立春 午前進城仍住關帝廟恭邸約赴總辦處言威海於初七日未守情
形喫緊因論到津後應辦一切事宜晚約蔚庭於吾談季良来
下榻寓齋
十一日晴 午刻偕總署總辦俞君寶鍾穎拜會各國公使英歐格訥
法施阿蘭俄喀希呢美田貝德紳珂日斯巴尼亞梁威理義巴爾迪
共七處比使陸彌業以閒訃未見每處約二刻自午至申亦云憊矣
小雲仲山柳門約便飯設柳門宅酉正赴之仲山因病假未到賓主三
人暢談一切回寓已亥正矣杏孫專差来借議練兵事
十二日晴 翁致夫来晤惠夫之胞兄亦初見也訪總税務司赫德談右銘到京
本日請〇〇安極頤未值歸途候之晤之一談未能暢叙也晚約唐蔚之文治

楊寓書寶森便飯香巖陪葆榮仲華送席

十三日晴具摺請訓寅正進內卯正第一起入見上以時事焦勞詞氣尚能鎮定多方訓勉隨事敷陳約四刻跪安出朝房小坐辰正太后起兒下巳初召入憂憤情形見於辭色諭到津後傳宣懿旨激厲將士嚴明賞罰力圖補救並令攜寶書西漢奏以便將要摺數抄俾衆咸知語語訓示不憚煩言歷三刻許始令跪安余以慈慮甚切恐有後命乃至蹈和門朝房候軍機起兒下將散隨至方略館與姊平談有頃仲山病假約出城日再往一談回至杭郡館已未初一刻頗覺憊矣小憩七刻酣極蔚庭厚菴沖妹先後來閒話厚沖同晚膳甚適聆眷口到漢電未至深以爲念

十四日微雪　竟日客來絡繹不絕料簡行裝大致就緒穆辭沖外夏氏
昆仲同晚膳夜談聞劉公島不守北洋海軍盡矣可勝慨歎
上元節霽　午初登程汪輝遠陸孟孚同行申正二刻（五十五里）抵張家灣宿
程從周文炳皖軍二十營駐此站隊弁兵亦頗齊整
十六日晴　卯正起行三十里馬頭又二十里巳正二刻安平尖尖後午正行
二十里河西務又三十五里酉初蔡村宿
十七日微雨雪大風　卯正起行二十五里（楊村）河西務又二十五里（午初）浦口尖尖後午正一刻行三
十五里申正抵天津住吳楚公所（匯北城外）傳相率文武各官恭請聖安傳（留）談
久之不及見他客也聞有撤回張蔭桓邵友濂兩使之〇〇旨數到津電奏
十八日陰　午前見客三班一實任司道一各營統領營帶一府（實任）廳州縣出門謁

傅相擇要面商一切，即留午膳。歸途拜團練大臣王雲舫少司馬文錦、
張榮軒方伯夢元、鄧善卿鎮軍起元，晤談有頃。時曹蓋臣軍門克忠新
募三十營駐紮小站（大沽至津半道），餘皆在團防總局得晤也。燈下代傅相擬謹陳感悚下忱摺稿一件。
十九日陰。卯刻開篆行禮如儀，即啓用團防文曰欽派幫辦北洋事
務大臣雲貴總督團防。拜發到津列銜團防啓用各日期摺。
欽遵 懿旨通行宣諭。據實覆陳摺見客，亟起進城拜客，因道
路泥濘，未及徧拜也。胡雲楣廉訪、季士周都轉來商件。接仲山
電，問海軍林國祥、李和消息。
二十日午前雪，午後陰。巳刻往候傅相，適專人來請，知奉十九日 寄諭出使日
本所遣北洋大臣直隸總督 命部署理。時艱適值鉅任，驟

膺不勝惶悚。晤談一切，并商今月內接篆，以尚須進京〇陛見也。

前澎湖鎮吳宏洛瑞生、永州鎮賈制堂起勝、淮揚鎮潘益亭萬才先後来見，三人均淮軍統領，吳有特譽，却最樸實。接蘭言十九電，知滇眷初六日尚擱淺洞庭湖中，系念之私至此稍釋。發劉峴莊、吳清卿、宋祝三、李鑑堂諸帥電，藉以達意，并電杭、漢，又復仲山電。

二十一日，晴，大風。早晚見客五起。滇眷甫於本日抵漢，接電大慰。手致峴帥書，由鐵路局寄商盧台、孟樂亭，沿海防務以此段尚覺空虛也。

二十二日，晴。午前候傳相商辦軍務並交接事宜，歸途拜客。雲楣侍史副將濟源来商大沽防務。又見客三起。蘇子熙電来，願率二萬人北来報効，未敢壅於上聞，即爲電奏請旨。接奉二十一日〇〇批摺兩件，又〇〇

寄諭三道一海防喫緊飭與劉坤一隨時妥商辦理一據王鵬運奏飭
辦沿海漁團一查辦希案電漢口令滇眷休息數日赶回杭州
二十三日陰 雲楣士周定之商件又見客一班午後拜各國領事英寶士德
法杜士蘭德司艮德俄來覺福美李德奉二十二日〇電旨向灤樂及
埕子口防務並有查辦事件埕子口防務應先復餘須會峴帥即電
致之曹蓋臣書来極謹拙當復一緘吳清帥電商田莊台賑款開河
在即敵情叵測亟盼聶功亭軍门士成由關外馳回閏二月初六七可到
二十四日晴 候傅相談公私交接事大要即送行因〇廷旨催促明日交卸即
行也並拜津署刑幕婁楙生春蕃保署尚有陳雨樵維藩亦刑席也偕
各一千六百兩下午客來絡繹 右銘到省晤談一切已上燈矣接敵字〇

電諭有飭查丁汝昌等死事情形及岐口防務各節接峴帥復信

二十五日陰大風 午刻接署篆直督關防一顆文曰直隸總督管巡撫事兼理河道關防一欽差大臣關防通商洋務用一鹽政印信文曰巡按長蘆鹽政監察御史之印傳相來賀並辭行 即率同司道寄請8聖安見客一班接電五起發電四起 補奉議字電旨蘇元春毋庸帶勇北上次日電知詒本日拜發接篆謝8恩摺〇呈子口防務先行由覆奏片 又發徑字電奏一件 復敵電

二十六日晴 午前出门謝步 袁慰庭觀察世凱辭赴石山站辦前敵轉運石山站出關四日程距錦州七十里 又見客兩起 委汪守瑞高辦沿海馬探 委吳守積鏊辦灤樂豐寧四州縣漁團 本日接電七件發電十件

電寰鶴山四十年交誼不自知其淚之何從也

亥刻奉二十五日8寄諭一道飭催辦理順屬藩運事宜
二十七日晴潘梅園駿德自保定省現署藩司曾重伯廣鈞自山海關現經帶兵
均到津来見美總領事李德北洋随員德國人漢納根先後見又見司道
等文武四起奉二十六日8電旨通飭嚴防發電奏一件查明岐口並無倭船游弋奉
旨，接電十三件發電九件
二十八日午前微雪午後陰司道商件，又見文職一班本標中軍陳飛熊自省
来見午後德領事司艮德法領事杜士蘭俄領事来覺福及
朝鮮商務官李冕相徐相喬先後進謁分三起朝鮮用筆談情
詞迫切對之惻然本日接電七起九件發電八起件内本電奏三件一轉東
海關道彙水師存亡員名人數一轉倭匪退出寧海一報聶提督初一

二可以入關章高鎮初三四可抵埕子口聶到擬令總統津沽各防營

二十九日晴 梅園辭回保定 章鎮高元辭赴埕子口 賀鎮星明辭赴山海關 豫東軍帮統李提督藩珠專誠來謁 號譽珊 人頗明爽 乃姊李承芳請號靜安 豫軍統領也 又見客兩班 楊仁山來談 奉二十七日寄諭一道 飭拿教匪呂大拙等 本日接電十件 內電旨一件 恐聶專駐一處策應不靈歟 電七件 內電奏三件 一稿報登州附近有倭船游弋 一稿報水師楊用霖等死事情形 一復聶並非令其專扎一處

三十日晴 雲楣商件 見客三班 出門謝步 皖軍統領九江鎮宋佩箴朝儒來見 現紮山海關共十營 本日接電十四件 發電七件 內電奏一件 登州口外倭船開去 大名道吳贊臣廷斌到津來謁 言地方事井井有條

二月初一日晴　午前見司道以下文職三班　徐州鎮陳修五鳳樓帶馬隊三營抵津　馮華堯赴山海關充峴帥營務處　李仲彭世兄經述先後来晤　本日收電八十件　發電九件　內電奏一件　述曹克忠、黄介臣、祖載来布置情形

夜談　向在幕府　雲屏之族姪也

初二日晴　午前見客文職四班　出门答客　下午見客兩起　傍晚聶功亭軍門士成到津　下車即来晤　商一切　留便飯　人軒爽和平（知兵善戰）有福相　特營甚盛　詢不虛也　本日接電十三件　內電旨一道（通飭嚴防　弁韓劉李）　發電九件　內電奏一件　報聶到津

初三日晴　答聶軍门　見客兩班兩起　右銘商件　功亭、雲楣、瑞生同来　商游擊接應事宜　功亭明早即行　以盧台為行營　仍擇要扼要地方酌量分

扎營作爲北路大枝游擊之師 本日接電六件内電旨一道 滄州防務 發電四
件内電奏一件 轉東撫報收復寧海 夜得雪二寸
初四日晴陰 見客兩班兩起 寧河團紳五六舫庶常照来見 本日接電四件 發
電七件内電奏一件 聶士成到津籌商布置情形 滙豐銀行洋商美德倫介道員吳懋鼎來見
初五日晴 見客兩班兩起 致曹蓋臣信商沿海挖濠事 本日接電十件 發
電七件内電奏一件 滄州防務 述遼陽告急
初六日霽 見客兩班三起 本日接電十三件内電旨一件 派聶士成總統 發電
十件内電奏一件 請飭依長兩將軍回援遼陽 委吳贊臣赴津沽各防營申明賞
罰激厲士卒 並函致曹蓋臣
初七日晴 定之商件 又見客兩班一起 營口至盛京綫斷 不知遼陽消息

深慮。本日接電三件發電兩件

初六日晴 雲楣丹庭商件又見客兩班專差拜發四摺兩片。彙報軍情電奏摺。西安襄陽接展電綫摺。奉天海運請獎摺。十二月分兩水糧價摺。募勇保護租界片。新授藩司陳寶箴飭令赴任片附繳正月分各硃批此間係一月一繳也本日接電十件內電旨一件飭依長回援遼陽發電七件內電奏一件營口綫阻津沽防務漢口來電滇省於十一日乘鄧陽船由滬旋杭 致聶功亭函專弁刊送總統國防

初七日晴 見客兩班一起津海關稅務司德璀琳來見本日接電十件內電旨一件飭令嚴加戒備發電五件內電奏一件報戒備情形劉鄉林報營威賊退善星垣報牛莊不守奉省日內軍情甚緊

初十日晴 見客兩班一起曹藎臣軍門克忠自新開路營次来見津沽南
路防務年正七十精神甚矍鑠也李嗣香太史士鉁来商團練事宜
庚辰讀卷門生也午後出門答拜本日接電七件内電旨一件東各營准調援
發電七件内電奏兩件一右銘調毛慶蕃一報牛莊不守營口甚危 又奉兒 寄諭一道
飭查參案
十一日晴 合肥回津在北門外西皇閣恭請 聖安即詣署晤談一切並商防
務營口又報失守關外軍情殆不可向津沽聞悚訛言繁興五芳午軍書
鷹擾不暇本日接電十二件内電旨一件准調毛慶蕃 發電奏件内電奏
一件營口不守合肥到津
十二日晴 見客兩班一起聶功亭吳瑞生均到津謁傅相即催令迅速回防下午

傅相来晤并辞行。適張樵野少司農蔭桓回京，同時到津，柩駕叙談，亭傍
晚始散。本日接電十三件，發電五件，內電奏一件（派臯司周馥總理北洋海防各軍營務處）。
奉到十一日〇寄諭兩道（一西安襄陽接線事；一通飭沿海各省辦漁團）。
十二日晴。右銘銷假。周玉山卸前敵營務處回津。見客兩班兩起（午後出門答客）。拜發
正摺四件、夾片四件。〇查明丁汝昌等死事情形摺。〇遵〇旨查明劉
汝翼被參各節據實具奏摺。〇調補保定營參將摺。〇東海關一百
三十七結奏銷摺。〇冬春賑撫撥款片。〇楊文昺等改獎摺（片）。〇文安縣楊
懷震開缺修墓片。〇游擊陳長青參革片。本日接電六件，發電
九件，內電奏一件（沿海尚無警報；李占椿等軍調防堤子口一帶）。
十三日雪。見客一班四起。新畫提督董星五福祥自河西移防營來見。拱

衛兩軍〻一阜有時望伊臣自深州来本日接電十四件內電旨一道劉公島嘗

有倭船飭即嚴防敳電九件內電奏一件津海無敵船游弋陳湜仍援遼守嶺津海關送黃花魚

多年不嘗此味矣 接鎔孫初四家信又漢口澄妹蘭言信有滇春行程日記

十五日晴 先光祿諱日忽〻三十七周矣一官羈絆仍不能衣冠見客殊黯然也

午前見文武〻班張樵野辭行回京暢談徐孫麒承祖由籍赴京過此来

見躁氣尚未除也夏至齊地山昆仲到津本日接電十三件內電旨一件

商調丁槐敳電八件內電奏一件復調丁大器海口安靜 夜雪

十六日陰 張樵野回京送至玉皇閣寄請○○聖安傅相行久談見文武三班一起

馬眉叔建忠隨節出洋来見本日接電八件內電旨一件參案飭查敳

電六件內電奏一件章高元調邪口旅順賊數

十三日摺弁回 賫回原摺內查明覆奏一摺 准軍機處知會奉旨留中

十七日大雪 見客兩班兩起 申刻赴紫竹林送傅相上海宴輪船 本日接電十件 發電五件 內電奏一件 請加曹克忠公費 春寒料峭 重裘不溫 亥刻奉電旨一道 昨電奏奉諭

十八日微雪 雲楣商件 又見客兩班兩起 本日接電七件 內電旨一件 曹克忠公費 發電七件 內電奏兩件 一營口租界無恙失事情形請飭裕祿查奏 一關外宋吳兩軍宜分駐 請不宜合 宋擬請飭扼石山站 吳守錦州 免致牽掣 接聶軍門本日信 商布置情形

十九日晴 見客三班兩起 本日接電七件 內電旨一件 昨電奏奉諭 發電兩件 內電奏一件 聶巡視海口一周回蘆台 復聶功亭信

二十日晴 見客兩班一起 連日春寒甚於嚴冬 海河復凍 本日接電十件 發電七件 內電奏三件 一聶探黑沽子有輪船停泊一點鐘即向東去 一述津沽海凍情形 一津沽各海口無事

二十日晴　見客兩班兩起　閱邸抄吴大澂撥帮辦軍務来京聽候部
議　本日接電二十件　内電旨一件　通飭各營挖濠築壘　發電十一件　内電
奏一件　津南大雪可輔兵力之不及　袁慰庭本日来電十三以後關外軍務站
住　接杭電　滇中金眷於二十日平安到家懸念之私至此大慰　電
劉峴帥商請酌留清帥所部湘軍以錦州防務正緊也
二十二日晴　見客兩班兩起　余我如　澤春自常德来　孟孚回京料理家
事　本日接電七件　發電五件　内電奏兩件　一旨　復昨奉電　論地營　一各海口無事　李
今日丁抵馬關
二十三日晴　見客　班　起　拜發四摺四片　○彙報初五至二十電奏摺　○陳
啟泰調補保定府摺　○展設山東沿海電線動用經費摺　○二十年

春夏季京控已結赵數摺。委護山海關道篆片。永定河道萬培因因病請開缺片。天津海關常稅請儘徵儘解片。沈若球等年滿甄別片。

二十三日（重出）晴 見客兩班，戌刻接大沽羅鎮電，大（津）沽口外有倭船一隻停泊，量水各砲台已一律整備等語，當飭各營加意嚴防，並隨（即）時電奏，仝報房輪流守夜。本日接電十四件，發電七件，內電奏一件，（由列前作）致周玉山信

二十四日晴 見客一班，一起滄州城守尉（宗室）如星階外來晤，口外昨泊倭船一隻午刻往西南開去，即電飭祁口防營梅提督等確探嚴防。本日接電十件，內電旨一件，奉。諭（昨電奏）發電十三件，內電奏二件，一報倭船已開往西南，一報津沽口外並無敵船游弋，一申刻發，一戌刻發，又另電總署一件，亦經代奏

二十五日晴 見客三班兩起 倭船一隻昨往西南開去 今午復回又開向北傳

東去 據駁船公司洋人探稱係因謠傳南来商輪帶有軍火甚多

故来偵伺攔查等語 即據實電奏 致魏午莊方伯信 托歐陽君重賫往

面述一切 緣清帥撤回午莊 奉8旨總統湘軍 有要語相商也 本日接電十七

件 内電旨一件 昨電奏奉8諭 發電五件 内電奏一件 由列府

二十六日晴 見客兩班一起 程從周軍门福建陸路提督文炳自張家灣營次来晤 與執畫提

督董星五福祥為拱衛兩軍 董沈潛 程高明 氣象正自不侔也 本日接電

五件 内電旨一件 閩馬鬫有敵船北来 約五千人 飭戒備 發電三件 内電奏一件 津海並無敵船游弋

本日閣抄 永定河南道放呂耀斗

二十七日晴 見客三班兩起 英國駐京参贊朱邇典来見 出门答程從周晤

談接滬電倭以十二艘攻澎湖被砲台擊沈船二隻壞二隻差強人意本日接

電九件內電旨一件以和議難恃飭嚴加警備發電六件內電奏一件言津

沽防務頗有把握奉二十六日寄諭一道 玉田賑務

二十八日晴 見客一班三起徐功巖慶銓自定州到津省來見本日接電九件

發電七件內電奏一件 保護鐵路情形

二十九日晴 見客兩班右銘定之商件馬國來電合肥於二十八日會議回轅 行

被匪徒用槍擊傷左眼下子未取出傷不甚重聞之可駭當即發電慰

問並於電奏中述及之本日接電九件內電旨一件 倭攻台灣北洋有 兵船二十隻游弋 發

電七件 內電奏二件 一述馬國來電 一復兵船二十隻游弋北洋之說不確 一戌刻發 一亥刻發

三月朔日晴 見客兩班英領事寶士德帶兵船主來見吳清帥到津

闻彭湖不守接合肥復電言傷非致命子入晋二寸許未能取出和議冀漸就緒拜發四摺二片。覆奏順直各屬辦理兵差情形摺。大城縣民宋上憘殺死一家三命審明定擬摺。津海關第一百三十七结收支數目摺。正月分雨雪粮價摺。辦理玉田縣賑務情形片。盧勇更（子奉旨回京應試）換管帶片 本日接電十件發電四件内電奏一件並無敵船游弋

初二日晴 右銘雲楣商件又見客一班一赵吳清帥来晤即答拜、、往還均久談 本日接電十件發電二件内電奏一件並無敵船游弋

初三日晴 見客兩班三赵 本日接電八件發電七件内電奏一件沿海平安漁團辦齊

初四日晴 見客兩班一赵 大沽羅鎮報申正二刻有二枝桅倭兵船一隻来大沽口距擱江沙外二十餘里停泊當飭各砲台一體戒備法領事

杜士蘭述其國家竟慰問合肥復函謝之並電告合肥本日接電十件發電八件内電奏二件口外有倭一船一隻宋慶宜留錦州為犄角緩急之備

初五日晴　見客兩班一起清帥来談雲楣商件口外倭船一隻於辰刻往南駛去接傅相本日電議定停戰廿日初六起廿六止又替辦處電飭防黑沿子本日共接電二十二件内電旨一件宋慶已留飭時時作臨敵備禦發電七件去倭船

初六日晴　見客三班一起奉到停戰電旨即電飭各營一體遵照本日接電十七件内電旨一件由見前發電七件内電奏一件祁口有倭船即去津沽安靜

復華子衡聘三信

初七日晴　岑雲階春煊自山東来右銘將赴任朱季雲錞祺自保定来時署臬司朱敏齋靖旬將回保定以首府升岳常澧道現署清河道先後来

見又見客四班一起自巳正至酉初祇午膳匆匆一飯亦云憊矣本日接電
十四件發電八件內電奏一件 停戰已通飭
初八日晴 見客一班五起江蘭生槐序來談家常黃岡庶常王筱東會釐
來晤子蕃之胞弟也贐卅金本日接電十件發電四件
初九日晴 見客兩班拜發正摺四件○北洋借撥購辦軍火銀兩請作
正開銷摺○彙奏電報摺 二十一起初五止 ○章高元請將陣亡員弁請卹摺
○遵○旨查明據實覆奏摺 鄭崇義參案 本日接電四件發電三
件內電奏一件 津沽無事照常嚴防 孟孚自京來
初十日晴 昨偶患泄瀉牽動積勞頗覺疲乏謝客一日本日接電六件
發電四件 蔚庭電來述議款大致不允則目前無以自強允之則日

後何以自立憂憤交營殆難言狀

十一日晴　署永定河道竇子桂 延馨 正定守陳鶴雲 慶滋 均稟辭見吳清帥辭行久談英領事寶士德 德領事司良德 各率其新到兵船主來見本日接電四件發電二件內電奏二件 李占椿抵堤子口章 高元移紮減河兩岸

十二日晴　見客兩班皖南鎮郭善臣 寶昌 前壽春 進京8陛見昨過此來晤知與小秋為兒女姻親其英姿颯爽迥不猶人洵夙將也據稱光緒六年在寧見過則余忘之矣午後答拜之未值送清帥行久坐歐陽君重自關外回述湘軍情形甚悉午莊李健齋 光久 均有書各軍既良楛不（懸）殊而賢者又（然）未融洽一氣甚矣軍事之難言也本日接電十一件發電四件

十三日晴　見客兩班一起沈朗伯自山東來一起李乙青信輿之鶴山乃郎

楊省臣李傳來談家常本日收電十二件發電七件内電奏一件旅順造船山板仍嚴防

十四日晴 見客兩班又見洋人兩起一起瑞乃爾砲法教習人德國一起漢德福禮布倫

敦新聞館主筆也李新吾請假回籍過此夜談本日接電十二件内電旨

一件昨電奏奉8諭發電七件

十五日晴 見客三班又一起總兵黃本富號景山善星垣京兆聯晉自京8陛見來晤述營

口失事情形少較悉游擊蘇青雲長慶自杭州来本日接電十一件發

電四件内電奏一件海口無事

十六日晴 見客兩班三起一雲楣一岑雲階一夏琅溪復進京起歷十三四刻憊極本日接

電九件内電旨一件查蔣希夷案發電四件内電奏一件復蔣案

十七日晴 見客兩班兩起一沈朗伯回山東一夏琅溪辭赴京澄妹蘭言到津述悉眷口

平安慰慰。謝福孟玉同来。德璀琳見。本日接電五件，發電三件。

十八日陰雨微 見客兩班四起。一黔梅 德靜一 善星一 吳炯齋一 李搏霄 靜山 山晉京 垣晉京 拿案

久談。午後專誠齎齎。本日接電六件，內電旨一件（誤記，乃閣抄）飭拿蔣希夷，送刑部治罪。發電

四件。手擬奏稿一件（蔣希夷案）。

十九日晴 德壽（靜）帥晉京，辰刻赴薩寶實碼頭寄請 聖安。回署見客兩

班一起。候補令寶山（委解蔣希夷）。馮華堂侍御自山海關来拜。發正摺四件，夾片兩

件。○永定河凌汛安瀾摺。○盧溝橋創建減水石壩出力各員請獎摺。○（李仕清請建坊片）

審明劉超佩逃避情形摺。○二十年秋冬兩季已未結交代起數摺。○永遵

兩屬籌款辦理加撫（捐）片。○都司葉椿、劉天章互相調補片。本日接電

九件，發電二件，內電奏一件（轉購停戰期滿，飭各營實力戒備）。

二十日晴　見客兩班兩起一善星垣 一周玉山由唐山来　閱電抄李瀚章准其開缺

回籍調理　本日接電十三件　發電九件　由驛拜發正摺兩件　○查明

統兵大員貪庸侵冒兵致激變據實劾參摺　○盧溝橋創建減

水石壩出力各員請獎摺　○

二十一日晴　見客三班一起星垣辭晉京　昨致總署督辦處電論德璀琳擬議論往往之誤

事　本日接復電深以為然　共接電十一件　發電三件　內電奏一件　豫東

邊境土匪滋事已派兵防堵

二十二日晴　善星垣晉京　辰刻赴薩寶實碼頭寄請　聖安　回署見

客兩班兩起　一曾重伯自國外歸　一丁衡山峴帥調赴山海關　馬關来電和議已有成說

明日畫押　目前雖可無事　後此則不堪復問矣　運會所迫　夫復何言

本日接電十件內電旨一件大名防堵數電九件內電奏一件報巡閱大沽北塘海口致傅相公電問歸期

二十三日晴　卯正自鉄橋碼頭乘快馬輪船午正抵大沽在船塢少坐即閱視南北兩岸砲台聶功亭周玉山吳瑞生章鼎臣咸集天津鎮羅耀庭榮光守南台二十餘年布置具有規模口外攔江沙一道天然險阻岐口在西北北塘在東北津沽突出其間口門以內河路紆迴如往而復雜夏令亦時有淺處海防扼要以此為最洵不虛也酉初回船泊塘沽接合肥漾電言今午畫押後即晚開駛回津到後擬請假二十日養息

是日署中接電十二件

二十四日晴　辰初乘火輪車至北塘車棧換坐轎行五六里至北塘砲台

守将吴樂山育仁亦一手經營二十年規模一切與大沽口相彷彿亦重要之地也已正回至塘沽經鐵路公局午膳與功亭玉山同坐主人則張燕謀翼吴調卿懋鼎也午初三刻仍乘火輪車行四刻至天津車棧少坐司道以次均迎候距行棧約五六里未初二刻回署是日接電四件發電六件内電奏一件報閱視海口情形　陳季衡福泌自湖南來閲電抄譚鍾麟調粤督鹿傅霖升川督奎俊調陝撫趙舒翹升蘇撫

二十五日晴　見客六班憊甚本日接電五件發電五件

二十六日晴　傅相自馬頭回津傷痕已平復往候慰問不及詢議約事亦不堪頹再問議約事天實為之謂之何哉噫下午司道來商件本日接電七件發電二件内電奏一件報合肥抵津

二十七日晴　見客七班三起一聶功亭一曹蓋臣一滙豐洋商麥根道世本日接電四件發電二件

二十八日晴　見客兩班兩起一胡仲基上襄一鄒孟仁毅洪張君聘琨均雲南庶吉士又德密穗特来覺福接卸俄領事来見本日接電四件發電兩件

二十九日晴　見客三班三起一汪簫九一丁衡山一仲良自嘉定來侯李傅相談議的事相與洛嗟歎息久之手擬力小任重據實自陳摺稿本日接電二件發電二件　一復出使許一致出使龔

三十日晴　見客兩班一起潘萬才　午刻赴紫竹林答俄國新任領事德密特黃顧廷益元爵進城會丁衡山少坐本日接電三件發電奏一件　李大霆到防民情安定

乙未四月

初一日晴 見客四班兩起一郭善臣陸見出京〇一胡仲基回江西 拜發四摺兩片〇查辦海軍失事各員摺〇據實自陳摺〇彙奏電報摺初六起三十止〇二月分雨水糧價摺〇秋審委司道代勘片〇山海關稅請儘徵儘解片 本日接電九件內電旨一件大名防務 發電一件

初二日晴 見客兩班兩起一軍機戶部陳次亮熾一丁衡三 荅拜郭善臣奉到初一日電旨以和戰兩難飭與劉坤一體察各路軍情據實陳奏旋接峴帥電約明日赴關津適中之唐山地方會商一切楊仁山歐陽君重夜談本日接電九件內電旨一件由列前叢電六件內電奏一件報初三日赴唐山

初三日陰雨 辰初二刻自車棧起程鄭善臣丁衡山同行吳調卿照料

過盧台聶功庭亦同車午正抵唐山計程二百六十里住礦務東局張燕

謀作東道主人峴帥申正二刻到同寓一處三次敘談商定覆奏大畧

仍各自電陳遵各抒所見之8旨也是日復有電旨催迅速奏覆

初四日大風雨 卯正起程鄭丁均留功庭同車至盧台午正抵車棧換坐慈

航小輪船至鐵橋馬頭上坡未刻發電奏昨晚擬稿稍加收拾故不費

事大局攸關不敢作違心之論惟遵8旨據實直陳而已戌初三刻

紫竹林電局報大風綫斷電奏尚未能發深恐遲誤趕即繕摺由驛

六百里馳陳並夾片聲明幸人手多亥正即發遞仍函致峴帥以無

間辦法告之竟日風狂雨驟愁緒愈不可理煩悶之至

初五日風雨 昨歸途受涼體乏神疲午前未見客下午雲楣來告知昨夜三更後津沽海嘯駐紮新河之宏字六營定武四營同時被淹弁兵潰散來津有無淹斃尚待清查鐵路電報兩局亦各報鐵軌衝斷電桿吹倒現在趕緊修理時事正棘而災變如此天心人事殆不可問即屬雲楣迅速確查各項情形以便據實奏報

初六日晴 見客兩班一赵庭来慰朝鮮辦理通商事務官李冕相等辭行回國午前京滬電報勉強可通即發電奏一件風雨海溢情形旋據雲楣查復情節較詳又具摺由驛六百里馳奏戌初拜發摺內自請立予罷斥以應天變與仁山君重夜談

初七日晴 見客兩班郭善臣丁衡山均由唐山回津詣傅相談論機事〻

不順相與感慨係之奉初四日8寄諭一道據實自陳摺奉○○旨仍悉心經理以副委任

又奉初六日8寄諭一道以初四日電奏摺奏均尚未到奉8旨飭催本日接電八件發電五

件內電奏一件續陳各營被水情形

初八日晴見客三班兩起一胡雲楣一漢納根聞和議已定派候選道伍廷芳赴

烟台互換事非得已猶是兩害取輕也然善後之計已大難措手矣本

日接電八件發電二件內電奏一件渡初六日○○寄諭并曹克忠營被水情形初四日六百里

報遞回淮軍機處知會初七日奉8旨留中欽此

初九日晴見客三班兩起一丁衡山一李摶霄查災回傅相令黃花農來告知昨晚

接電8旨約已批准派伍廷芳聯芳赴烟台互換奉到初八日8寄諭一

道初六日六百里報奉○○旨本日接電六件發電四件內電奏一件天津至山海關鐵路電綫

本日一律修通並報
聶軍被水情形敍摺
初十日晴 見客三班一起 丁衡山 褚敦伯經順天延請辦賑過津晤談本日
接電七件 發電三件
十一日晴 見客三班兩起一 王雲舫 王小航 出門答客在郭善臣處久談伍
道廷芳賫仍過津來見未值奉到初十日寄諭一道 王文錦奏津勝營被
水情形 水情形 本日接電四件 發電一件
十二日晴 見客三班兩起一 郭善臣辭赴唐山 一 丁衡山 李樽霄 振鵬 趙星甫
映辰交接天津縣篆同見本日接電七件 發電八件
十三日午前陰下午雲霽 見客一班數月以來此為最簡矣本日接電八件內電旨一
件 電倭展停戰期尚未得覆仍嚴加戒備 發電三件

十四日晴　見客兩班兩起　于一岑　雲階　一山　丁衡　接龔仰蘧倫郭來電言俄代爭遼倭允全地退還旅順在內　本日接電十二件　發電八件　內電奏一件

覆十三電旨又被
水各營整頓復舊

十五日晴　見客兩班　接劉薌林電日本約款已於昨日如期互換　醫得眼前瘡剜却心頭肉其斯之謂與　葛礡姅石清渠自嘉定來由驛拜發四摺六片○請截留東漕備賑摺○籌辦唐山賑務片○遵旨查明復奏摺李永芳參案○長蘆本年正課奏銷援案展緩辦理摺○請補拱極營游擊摺○津防月餉新增各款請存案片○軍營出口買馬片○朱靖旬請展憑限片○徐銓開復錢糧處分片○張印曾請仍照原保給獎片　本日接電七件　發電八件

十六日晴　見客兩班兩起一連順一成鶴　本日接電八件內電奏旨一件

約已互換防軍照舊駐紮以備不虞　發電五件

十七日晴　見客三班一起徐花農粵東差旋　伍廷芳聯芳烟台換約差竣來見藉

詢一切情形本日接電十件發電五件

十八日晴　見客三班兩起一徐棣華鄂一趙伯遠曾重　午刻候傅相久談昨又續假一月

本日接電六件發電四件

十九日晴　杏孫銷假見客兩班定移居海防公所之議此間房屋既少

內外俱形擁擠伏秋大汛時復漫水夏天勢不可居也本日接電三件發電

二件

二十日晴　見客一班一起午後杏孫來久坐本日接電四件發電八件

二十一日陰雨　見客兩班兩起一聶功亭一玉楓臣　本日接電六件發電四件

内電奏一件　請截留鄂漕三萬石賑錦州　本日蔚庭放漢中府開〻一缺

二十二日晴　見客兩班三起一翁小山廾江西臬入覲一張季端滇試差假滿回京一易實甫由東局回山海關

本日接電四件發電一件

二十三日晴　見客兩班兩起一聶功庭回盧台一魏芷亭景崙午莊之姪　本日接電三件發

電三件

二十四日晴　見客兩班拜發三摺一片。臬司周馥乞病請另簡放摺

盛宣懷病痊銷假飭回本任片。彙奏電報軍情摺本月初二日起二十一日止。東

海關第一百三十八結奏報摺　頤潤生自上海來　本日接電七件發

電四件

二十五日晴　見客、兩三班　夏孝斋自京回津　仲良亦自京来　将携眷回
上海會辦電報局務　午刻侯傅相談　本日接電五件　發電二件
二十六日晴　午刻移居海防公所　寅僚見賀一概辭謝　此間房屋寬
敞落成未幾　煥然全新　於過夏尤相宜也　本日接電二件　未發電
二十七日晴　見客兩班　候傅相商件　時伯行有台灣之役　本日接電四
件　發電四件　內電奏二件　一請每截留東　一滬商運米赴津請免
漕五萬石　一鎮江蕪湖等處釐稅
奉到二十六日8寄諭一道　參案飭查
二十八日晴　見客三班　王梓生維杰自上海来　錢孫来電　本日上生義輪
船赴津　接電十一件　內電旨一件　免釐並請截漕毋庸議　發電二件　直隸
臬司放朱靖旬甫（由）於保定府授岳常澧道　尚未到任也

二十九日晴　見客三班　移孫自上虞到津　韓稚夫　葛幡卅均移榻
行轅前因吳楚公所實不能容加來均住客店也本日接電一件　發
電五件
五月朔日晴　見客兩班　本日接電七件　發電一件
初二日晴　見客三班三起　一雲楣　一杏孫　一毛實君名慶蕃　馮仲梓光適　新授雷瓊道
過此得晤　本日接電四件　發電二件　下午大風
初三日晴　見客兩班兩起　一李壽庭　一杏孫　未刻　鈕孫平安抵署　述知家中大
小都好甚慰　署台灣巡撫唐薇卿景崧為台民擁戴為民主之國印
文曰台灣民主國總統之印　旗用藍地黃虎　此五月初二日事也　見唐初二日電奏
本日接電四件　發電一件　奉到初二日○○寄諭一道　御史陳其璋請飭購辦籽種分

给災區〇諭
令酌量辦理
初四日晴 見客兩班兩起 一曹蓋臣 一壽恩妹涵 德領事司艮德 請假帶同
署領事羅百孫来見 本日接電五件 發電一件 拜發四摺兩片
〇天津道二十年海稅摺〇廣平縣疏防条劾摺〇威海衛綏鞏軍
第八案報銷摺〇三月分雨水粮價摺〇江西粮道劉汝翼飭令赴
任片〇天津道李興銳飭令到任片 唐薇卿電述初二日事 自明心迹之意
無可作復也
端午節晴 寅僚見賀照例辭謝 午前出门賀節八刻而徧 本日接電
三件 發電二件
初六日晴 見客四班三起 一聶功庭 一岑雲階回京 一胡祖蔭青甫人 本日接電三件發

冀州案係初六日
8寄諭誤作8
電旨

電一件。李士周升閩臬。指賑銀二千兩交杏孫彙收
初七日晴 見客四班 內徐進齋壽朋 鄧翼之輔綸 均軍營來 吳調卿
帶鐵路工程司金達來見 本日接電三件 發電三件 內電旨一件冀州查案醫疏 北運河
初八日晴 見客一班一起 甘肅寧夏鎮牛師韓 蓬萊以優貢晉京。朝考 本日抵
津 釆三同來 接電五件 發電一件 閱電抄 李亦青調長蘆
運司
初九日晴 見客兩班一起 右銘自省來 又易實甫借差回湘 郭福卿集芬以道員
分發浙江同見 郭前湖南衡山縣慶颺之子 本日接電七件 發電兩件
初十日晴 出門拜客 候傅相談 定二十前進京覆8命 回署見客一班兩起 一右銘 一王筱航
敝館改主事分禮部 拜發四摺兩片。永遵兩府州屬被災較重應徵錢糧請

緩至秋後起徵摺。、已革四川富順縣陳錫鬯捐輸鉅款請特恩

優奬摺。光緒二十年地丁旗產已未完分數摺。東海關一百三十

三至一百三十六結洋税收支彙奏摺。貴州羅斛營參將李福興請

開缺以總兵留於雲南委用片。張嘉駿請改奬片　本日接電

三件發電一件　亥刻奉到初九日寄諭一道飭會商津勝營遣撤事宜

十一日晴　見客四班兩起　一王雲舫曹藎臣商遣撤事　一杏孫佘澄甫商錦州至瀋陽另設新綫　本日

接電兩件發電四件　内電奏一件　轉黄公度遵憲議論台事

十二日晴　見客三班　奉十一日電旨派李鴻章王文韶爲全權大臣

俟日本使臣到津留商條約未盡事宜傳相已定二十日晉京

覆命　似與文稍有傳待矣　手擬會商津勝營遣撤事宜摺稿

莪卿自京到津下榻行棧錢慕萱周聘如之良甫之子自嘉定来人滿爲患又本只能住店矣
日接電十件内電旨一件由見前發電三件
十三日晴見客兩班兩起一郭善臣由唐山来一劉毅吉楨排訪授晉臬入都8陛見詣傅相商
件本日接電二件發電一件
十四日晴見客兩班兩起一晏誠卿商籌賑局務一范高也赴奉天嚴筱雲佐治自嘉
定来伯兩之子也本日接電五件發電五件由驛拜發兩摺一片
○遵8旨會商遣撤事宜摺會王文錦曹克忠後銜調禮部主事王照回籍
料理團練事宜並籌給經費片○津海關第一百三十八結奏報摺
十五日晴見客三班一起右銘自唐山回台灣潰敗不可收拾唐薇卿内渡本
日接電五件發電一件

十六日晴 見客三班兩起一胡雲楣一右銘辭回省 午後答德國署領事羅百禄 順道至招商局少坐 楨兒乘新裕豐輪船回杭料理家務 潤生及周聘如同歸 奉到十五日8寄諭兩件道一奉天催餉欠一東陵催藩庫解款 本日接電七件發電四件

十七日晴 見客兩班三起 一曹州鎮王連三 一鄭叔進沅長沙人甲午一甲三名已丑曾與會課執弟子禮甚恭 一春孫慕匡移來就潤生遺榻也 本日接電六件發電一件

十八日晴 見客三班一起 李雨蒼雲麟十餘年不見豪邁如故髯長一尺四五寸頗可觀也以草書要領刋石集資書百金爲 本日接電五件發電一件

十九日晴下午微雨 見客兩班一起鄭善臣 出門答客 楨兒電來十八已刻抵烟台 先是○朝命議留日使在津商議條約未盡事宜當經傳相

電知伊藤本日接復電言林董係駐京使臣無議約之權應即赴
任未便留津是在津會議之說當作罷論矣崧錫邸電來問
台灣近事即復之本日接電四件發電一件 夜雨
二十日晴 見客三班本日接電九件發電二件 仁山自京回津
二十一日晴 見客兩班兩起一雲楣一五筱 杏孫舵 本日接電二件發電二
件 楨兒於二十日未到平安抵滬本日自滬旋杭
二十二日晴 見客兩班兩起一翁筱山出京一鄭臣善侯傅相商件本日接
電十一件內電旨一件 順天平糶米石飭各闗放行 發電二件 翁小山8陸見出京叙之談即晚上船
二十三日晴 見客一班一起 士周商賑務 稼軒告養出京作竟日談日本駐京
公使林董抵津本日接電九件發電三件奉到二十二日○○

寄諭一道御史管廷獻請疏濬下游河道 接濮子泉玫植兒書豫軒帶來 寄到鈺孫

詹照係本年四月二十九日題准五月初一日給照

二十四日晴 巳初赴行轅偕傅相接見日使林董果以呈遞國書

爲詞未肯留津當即發電將接見情形會奏拜發三摺六片

○獻縣村民乘災滋事派員查辦摺○烏里雅蘇台換防兵丁片○

寓津紳士李金鏞捐餉請建坊片○固安駐防兵丁被災困苦援案

撫恤摺○招商辦理平糶購運米粮數目片○廣武等營購買

車駝及月需喂養請作正開銷片○招商試辦釀酒公司摺○

大名鎮吳殿元等飭赴本任片○前澎湖鎮吳宏洛請歷營起復

片本日接電五件內電旨一件飭劉含芳密探營口等處動靜 發電四件下午約

稼軒談即留便飯謹齋莪卿厚齋在座楨兒於廿二未刻平安到家

手致峴帥書論善後事發各直省督撫通電勸募順直賑捐

二十五日陰雨見客三班申刻偕傅相答日使林董言定於二十七日由水

路晉京順道拜客並候稼軒楊省臣世兄來夜談時將回南營葬

述布置家事情形具有見地鵠山有子可慰也本日接電五件發

電一件連日接見日使向答大使政均會咨總署代奏傅相擬電

二十六日晴見客兩班陸鳳石一起孫詒又祭酒告養回籍過此暢談午後傅相來

晤蓋請假後久不出門矣稼軒辭行本日上新豐船命鍾孫往送

接電十二件內電旨一件查平糶免稅來石起數發電八件內電奏一件

轉劉含芳查覆情形韓稚夫赴機器局當差

二十七日晴 見客兩班一起郭臣善 日使林董於本日水路進京 接電
四件 發電四件 內電奏一件 復平糶給並數目 天氣漸熱 五年未經
此境矣 石屏州舉人陳月溪畀明 留京患病 專誠來謁 即令下榻行館 俾資調理
二十八日晴 見客一班 義國公使巴爾迪來晤 時將赴烟台 功庭雲
楣先後來 共商遣撤事宜 峴帥亦有書商論 即日手復之 奉到
二十七日8寄諭一道獻縣案奉8旨 本日接電四件 發電三件
二十九日晴 見客兩班 新授臬司朱敏齋靖旬 行抵山東 於回見
峴帥以通籌撤兵事宜疏稿見商 與傅相往返函商 定議 即
日復之 拜發兩摺兩片 〇 機器局支發客軍及新募各營軍
火需費甚鉅 請飭粮台籌款撥補摺 〇 官剝船戶困守日久

請撥案撫恤片○候選知州黃希尚仍留北洋差遣撥案請免扣選片○四月分兩水粮價摺本日接電五件發電二件

三十日晴 見客三班兩起 一郭善臣赴唐山 一沈淇泉太史衛秀水人 王竹英自蕪湖來本日接電九件發電二件 閱電抄唐景崧休致回籍

閏五月朔日晴 見客三班一起 浙江海運委員候補府蔡容如增光 吳元卿京培 子玖四川差竣回京過此暢談蓋不見又七年矣本日接電七件發電七件

初二日晴 見客一班一起 雲楣 延甫自新埭來補昨日 本日接電四件發電一件

初三日晴 見客兩班三起 一新授皖藩王介艇廉赴京陛見 一新授廣東臬張安圃人駿赴京陛見 一蘇粮道吳廣蕃初到 奉初二日○○寄諭一道參案飭查 本日接電七件並發

電一件　朱棨甫、吹子寅生自上海来
初四日晴　葉竹林荅客晤介艇談江浙海運局回拜回署見客兩班
本日接電五件發電三件　手復陳六舟京兆書論平糶采運事
手擬片奏稿一件　李邦楨暫緩交卸留辦賬務
初五日晴　見客三班接濮子泉信考膺約在望闱日内擬令鈺孫進
京偕景莱同行並請厚斋照料一切本日接電五件發撫電一件
初六日晴　見客兩班兩起一丁衡山自灤州来一朱敏齋進京蔚庭赴漢中任
請假省親本日挈眷抵津孟孚季良同来暢談快甚接電
四件發電一件奉初五日〇〇寄諭一道　有人奏永定河身淤墊請飭營勇就近挑挖
初七日晴　見客兩班一起　丁酉麗生偕諫立瀛請假回籍　蔚庭来談本日接電六

件。發電三件。拜發三摺五片。張世達請補固關營參將摺。德春請調八溝營參將摺。直屬光緒二十年下忙錢糧分數摺。新授福建臬司季邦楨替緩交卸運司篆務片。直屬本年二麥約收分數片。英國兵船王救護難民請賞寶星片。漠河礦廠委紳劉天祿積勞病故請卹片。東安汛千總朱德高因案斥革片。

初八日晴。見客兩班一起。杏孫自唐山回。自厚眷挈鈺孫偕景萊辰初登程。接杭電，楨兒攜細弱等擬於二十四日動身北來。本日接電四件，內電旨一件，飭催劉汝翼迅速赴任。發電三件，內電奏一件，復劉汝翼已於五月十九日起程。

初九日晴。見客兩班一起。宣化府李小軒肇南商地方公事。英副領事韋理敦帶同怡和行東

克錫格来見蔚庭話别即晚上海晏輪船本日接電四件發電
二件　孟孚留署　汪若卿之子立元號建農齋自江西来下榻行館
初十日晴　見客三班　侯傅相談并向上海格致書院特課章程王
姓英回蕪湖本日接電五件發電三件
十一日晴　見客三班兩起　一廖樾衢送春赴京　一王苑生托擬格致書院課題　峩卿延甫同
船回南本日接電六件發電三件　鈺孫於初十午刻平安抵京
寓仁錢會館　廖緝臣自上海来即同樾衢進京
十二日晴　見客四班　嚴紱雲自京回津下榻行館本日接電三件發電
三件　夜睡欠安
十三日晴　黎明胸膈作泛甚覺不適吐後漸解仍似積滯未

清謝客一日早服辟瘟丹一錠晚服青鹿茶濃煎以代湯
劑不思食亦竟不食俾中焦易於清肅也夜半進藕粉一盃 本日接電三件發電一件
十四日晴 謝客兩日暑氣漸清如常辦事亦不喫力早晚食老米飯
各一碗不敢盡量也閱電抄湘撫吳大澂開缺來京候簡接楨兒
初三日家書詳告杭宅近狀勸余不必生氣此皆外任數十年造孽不少
致有此報惟有返躬自省以冀默邀天佑而已致穀帥若笙電並復楨兒
本日接電三件發電二件
十五日晴 謝客三日作楨兒書寄上海天保棧留存函交恐寄杭
兩誤也李鑑帥於威遠四十里內撤兵一事頗與合肥有意見
恐生枝節發電勸之電云革廟營不遽撤足徵風概惟事已

至此非一手足烈所能維挽且既列入條約倘因此生釁亦殊屬不值
共事半年諸蒙厚愛敢貢區區希垂察焉謹齋來談本
日接電四件發電七件暑恙悉清飲食尚未能如常
十六日晴 見客三班一起聶功亭 湯幼菴到津小病請三日假新授
廣州將軍保 頤菴年北上過津來拜上年過京口時官副都統
曾寄○○安也閱電抄德壽調湘撫嵩崑 升黔撫岑毓寶
升黔藩湯壽銘升滇臬電蘭生即轉發局本日接電三件
發電四件前因閱內外防軍通籌留撤由峴帥主稿會同傅
相及余三銜具奏茲經督辦軍務處議覆為湘淮豫三軍各留
三十營魏光燾總統湘軍聶士成總統淮軍宋慶總統豫軍

藩遠諸軍俟歸地事定再議餘皆分別裁留手擬籌辦
遣撤事宜摺稿一件　嚴筱雲回嘉定
十七日晴　辰刻赴紫竹林畣拜保頤齋將軍晤談有頃坐鐵龍輪船
歸見客兩班兩起一功亭一杏孫閱電抄臨安開廣道放鄒馨蘭
本日接電九件發電四件
十八日晴申刻陣雨　幼菴卸東藩事晉京得晤久談意殊抑鬱亦無怪
其然也見客四班午後慕韓自滬來津約三日後移楊行館接
楨兒暨元孫篠電本日接電七件發電三件奉本日〇〇電旨
一道由峴帥處轉正定鎮徐邦道病故所統拱衛軍應即裁撤毋庸派員接統
十九日晴　保將軍進京詣吳楚公所寄請〇〇聖安俄使喀希呢偕

領事德寄特来晤又江蘭生沈姊均同見本日接電八件發
電七件
二十日晴 見客兩班長刻赴學竹林答俄國喀使坐慈航輪船孫仲
瑜夏堅仲来晤暮韓夜談接楨兒本日安電以三娘小恙初愈
行期改二十七日壽孫母子及長孫娘挈肇忠同来本日接電四件
發電一件拜發四摺兩片○籌辦遣撤事宜摺○山海關旗營
添練馬隊請停止片○牛師韓一軍改調甘肅片○順直災重
仍請開辦賑捐摺○光緒十六年海軍經費報銷摺○光緒十八年
鎮遠等八船經費報銷摺
二十一日雨 見客四起班唐韡之贊衮持許仙屏河帥信来意在報効以

圖光復以諱靖宜韜晦勸之屬臣世將不敢不盡言也本日接電四件發電三件

二十二日晴 見客四班幕韓昆仲堅仲移楊行館本日接電五件發電二件

二十三日晴 見客兩班兩起一丁衡山辭赴京一甯夏鎮牛師韓遣撤即遵調赴甘肅甫綏德使坤珂偕署領事羅百祿来晤即日赴烟台由羅稷臣帶名片荅之本日無徃来電報或他處綫有阻滯也

二十四日晴 見客兩班兩起一新授惠州府陳芰生維〇〇一王舟橋作楫見回雲南引候傅相談

鎔孫来電考期定二十八本日接電四件未發電一件

二十五日晴 見客三班天氣頗熱本日接電四件發電五件

考試漢曆生闈卷
派出長華李文田
汪鳴鑾
此次同考者八人一等
四名二等四名

二十六日晴 見客一班兩起一朱敏齋〇〇一統帶永興軍提督陛見出京 一馬月亭必勝由山海幽遣撤回陝 試回回館酌纂韓仲瑜建齋暨仲本日接電二件
發電四件 接楨兒十一十六安報兩件 若笙有信
二十七日晴 見客兩班一起朱敏齋赴省 本日接電五件發電三件
二十八日晴午後陣雨 見客兩班兩起一何肖雅剛德新授建昌府氣宇非凡 一譚先節皋羽宵鄉人
己丑曾與會課甲午榜下用中書 接楨兒昨今抵滬電眷口等於廿六上船芝開
行今晨平安抵滬 侯坐新裕船約須初五開 本日接電九件發電
五件 拜發三摺五片〇正定鎮徐邦道病故請8簡放摺〇容
片一件〇新雄營都司擬以張翼高借補摺〇朱集司請旬
飭令赴任片〇山東久解剥船經費請由部撥款片〇續奉海

軍臨陣脫逃各管帶片〇海軍大小員弁除殉難及參革外一律
暫開底缺片〇五月分雨水糧價摺　奉到二十七日〇〇寄諭一道
抄發胡燏棻等條陳時事各摺片飭與藩臬兩司悉心籌畫酌度辦法限一月內分晰覆奏
二九日晴　見客二班三起　一葉爾愷號柏皐仁和人自京來　一吳汝綸號摯甫桐城人蓮池書院山長　一杏孫
接鈺孫京電昨日考廕列一等第二名吏部定於六月初三日帶領
引見〇本日接電五件發電八件〇上年〇〇皇太后六旬慶典
例進貢品係內務府大臣立豫甫侍郎山代為預料去臘進城崇文
門監督啟穎之尚書秀未收稅項出京時均未有以將意來至今歉
然因備茯苓一枚金腿十肘龍井茶八瓶五茄皮酒十六瓶兩分一
律本日派家人張旋進京投送藉了夙願五月間護理山海關

道福培送来梅鹿一對體格脩偉頭角嶄然此間無豢養處
因即轉送恭邸以供清賞亦野人獻曝之意也
六月初一日晴亥刻陣雨 見客兩班奉到二十九日8寄諭一道有人奏通商條約弊混滋
多請飭詳慎訂議 與傅相共一件 本日接電三件 發電三件○恭閱邸
抄二十八日考試漢蔭生閱卷派出長萃汪鳴鑾李文田
初二日晴 見客一班三起一胡蘄生聘之8陛見一出京赴浙江藩司任一曾蓋臣遣撤事竣一汪伯唐大
變自京来内閣中書穰卿等行 恭閱電抄史繩之升桂撫張丹叔告病遺缺也
繩之迴翔兩司將三十年得此亦堪吐氣矣即日電賀之兩旬以来
滇中司道首府联翩升擢氣象大好繩之升桂撫楚卿升黔藩小秋升滇臬循陔升臨安道
本日接電五件 發電三件 由驛遞回初一日8批摺密片一件奉

8旨留中是日吳宏洛放正定鎮○午前出门答客

初三日晴見客兩班一趙郭善臣自唐山来曹蓋臣津勝三十營一律遣撤極其安静本日會同雲舫蓋臣具摺奏報摺係三銜雲舫主稿接楨兒上海電約初五上新裕船初六開行接鈺孫京電引8見改初七本日接電九件發電五件閱電抄岑毓寶調滇藩唐樹森升黔藩邵積誠升黔臬○大名府南樂清豐二縣習織麥草辮股每年可得銀三十餘萬兩西人用作帽頂也見清豐令俞良臣稟本日又見順德府任縣令張繼軾稟保護教堂情形極有分曉

初四日晴見客兩班閱電抄貴陽府文海升迤東道本日接電五件發電一件

初五日晴。辰刻出門答客，在團練總局與王雲舫少司馬、張棨軒
方伯久談。歸途候郭善臣軍門，晤。回署，見客一班。時已未
正矣。奉初四日寄諭一道，催東北邊防經費津海關舊欠兵尚。本日接電四
件，發電二件，內電奏一件，代牛師韓請示行程。閱電抄，孫毓汶准其
開缺調理。亥刻接招商局沈子梅電，新裕須初六晚開。夜雨甚透。
初六日晴。見客兩班，一起聶功亭。本日接電五件，內電旨一件，飭令牛師韓取
道河南趕程前進。發電一件。接楨兒滬電，下午上新裕船。
初七日晴。見客兩班。味蓀到津，一別二十八年矣，各道離悰，逾常
快慰。接京電，鈺孫本日引見，蒙恩內用，弱冠粗材，儼然
以任子入仕，欣幸之餘，倍深感悚。接子梅電，新裕於寅刻開行，本

本日進花貢計
蘭花十八盆茉莉
花十盆。據坐京
家人孫德慶報安諗
儀鑾殿各六盆
養心殿各四盆

日接電九件發電三件奉到初六日８寄諭一道戶部條陳籌餉事宜通飭照辦
初八日晴 見客三起一牛師韓起程赴陝西 一余虎恩由山海關移紮河西務 一胡蘄生赴浙藩任 奉到
初七日〇〇寄諭二道一催解本年京餉 一催積年欠解京餉 本日接電二件發
電貳件小 下午炎蒸較甚為入夏之最 子樂回山東
初九日晴 申後陣雨甚大 見客一班兩起一吳儀堂鳳柱 一撤營回鄂 一郭善臣 韓副將
報家眷坐新裕船於戌正二刻進口泊東沽頭燕子窩重洋穩渡
欣慰實深本日接電七件發電三件內電奏一件報冀州擄人勒贖首犯牛堂業
已拿獲一 奉到初八日８寄諭一道飭查海豐盜匪擾及鹽山一案又飭仍遵前〇〇旨務將冀州要犯牛堂
拿獲懲辦 夜雨
初十日陰雨 拜發８萬壽賀本並摺梢兒夫婦率眷口等於申

萬壽例貢九種
元狐五張。海龍五張。
水獺二十張。灰鼠三百張
。銀鼠二百張。薏仁米
五匣。蘑菇五匣。藕
粉五匣。挂麪五匣
立秋例貢五種。蘋
果一千五百箇。沙果
一千五百箇。香果一
千五百箇。鮮桃一千
五百箇。西瓜一百五
十箇。以上各具貢
摺均初十日發

刻安抵行館鎔孫槐挈肇忠暨一家團聚大小平安可喜也
壽官母子偕来 范子儀朱式如蔣泰臣来
即發京杭兩電本日接電六件發電二件。是日始見曾孫
十一日晴 見客兩班三起一 王介艇赴皖藩任 一 閃鎮殿魁 宋鎮朝儒 一 邯鄲令吴子明燾 小雨
暢晴精神一爽本日接電二件發電二件恭閱電抄徐郙升兵
尚書許應騤升總憲廖壽恒調倉場汪鳴鑾轉吏右許景澄
升工左孫仲瑜坐新裕船回上海
十二日晴 見客三班本日發接電六件發電一件 鈺孫以員外郎簽
分刑部。郎沂生之二世兄李英 椿年 譜香之長孫 仁甫 汪德均由籍入
都 郎刑部 鄭兵部也
十三日晴 戌亥間陣雨 見客兩班兩起一 楊虞裳宜治總署提調隨使俄國回京 一 陳養園允頤香

麟書補授大學士管工部
是日閣抄崑岡以禮部尚書協辦大學士
翁同龢李鴻藻均在總理衙門行走

帥特保調取引○○見 本日接電三件 發電四件

十四日晴 見客兩班兩起一毛實君一吳儀堂 本日接電六件 發電 件

十五日晴 見客四班 丁修甫出京回杭過此暢談 鈺孫来電現掣

貴州司行走 定十八日請假出京 本日接電四件 發電三件

十六日晴 見客兩班 一起丁衡山○○陸見出京 奉到十四日（五）寄諭一道論議約事

與傅相共一件 又接總署十四日信大致與8寄諭同 本日接電一件 發電

一件 ○午前候傅相商件

十七日晴 見客三班 8萬壽貢差出京賫回貢餘 海龍元狐各四張

水獺十張 銀鼠灰鼠各七百張 蘑菇薏米藕粉桂麪各一匣 本日

接電三件 發電四件 亥刻孟孚接家電 星農夫人於十四日病故

本月二十四日八旬正壽　蔚庭適請假在家否則終天之恨尚有極哉同時建民接
蘇電經伯於十六日病故尤意外事也
十八日晴　見客兩班一起　李壽庭由岐口赴唐山　孟孚乘飛鯨輪船回婁墓
韓赴京清理家事仁山回無錫接家眷申刻專弁拜發正摺
四件夾片四件。長孫一品廕生奉旨內用恭謝天恩摺。請
慎選將才摺。郭寶昌請就近量移片。已革提督聶桂林請
留營帶罪圖功片。奏參濫用非刑之即用知縣傅鍾濤請
革職摺。候選道顧元爵請卹片。河間府胡清瑞修墓
開缺請旨簡放片。東海關第一百三十九結奏報摺本日接電
五件發電　件昨日十七閣抄錢應溥在軍機大臣上行走同日

二十六日 萬壽二十三日（八）
恭進一兩重福壽銀
錁四千錠

閣抄徐用儀著退出軍機處並毋庸在總理各國事務衙门
行走
十九日陰下午雨 見客一班一赵郭善臣赴唐山 鍾孫請假出京昨卯刻自京起
程今日卯刻抵津以行至張家灣適遇仙舫輪船差旋即换坐
下駛故行程如此迅速也本日接電二件發電四件
二十日霽 見客兩班午後詣傅相商議約事接總理衙门十八日信即十五日
寄諭轉行 奉到十九日 寄諭一道查案本日接電一件發電一件
二十一日晴 廣州將軍保頤齋年出京赴任在吳楚公所恭請 聖安
歸途先拜ミ回署見客一班頤齋旋即来晤約齋辭行晋京久談本
日接電六件發電一件

二十二日晴 見客兩班一起杏孫商件 本日接電二件發電三件內電奏

一件拱衛軍遣撤事宜

二十三日晴 德靜山中丞8陛見出京赴湘撫任辰刻詣吳楚公所

恭請8聖安旋彼此往還承詳詢湘事據所親歷一一告之

會同傅相覆奏議約大概情形遵本月十五日8寄諭也午後

又見客二起一姆沈姊均一承敬雨霖商陝西撤借軍火二妞周歲在署同人戚友咸賀

設麪席三棹無外客也並以錢發到部晚設三席謝客是日接電

四件發電三件

二十四日陰微雨 傅相過談松晴濤林由山東臬司升任奉天府尹文卸晉

京過此晤談良久雲楣勉林商查辦事件廷郎民雍辭赴山海關

道任德靜山中丞辭行出門暘送幼弇行久坐歸途拜客本日接電一件發電二件竟日酬接無片刻閒甚矣衛途之不易居也

二十五日晴　松情濤起程赴京辰刻在吳楚公所恭請 聖安並送行又送德靜山中丞行回署見客兩班裕朗西京卿庚出使日本過此晤談張安圃 陛見出京赴廣東臬司任均晤談又見客一起吳儀堂本日接電四件發電一件 ○花衣第一日

二十六日晴　卯正初恭詣 萬壽宮行慶賀禮通稱龍亭　吳儀堂鳳柱撤鳳字步隊四營勇丁鼓噪經防軍護勇彈壓而止派雲楣會同司道在署看提案訊究至晚始畢此軍在前敵聲名最劣臨撤又戕之滋事其紀律可想而知矣身負任提督統兵且猶如此其他尚可問乎噫

本日接電四件未發電

二十七日晴燈後微雨 見客兩起班雲楣皆放鳳字四營餉項畢來見即

電告督辦軍務處備案以8萬壽届期未便奏報也本日接

電二件發電一件 本月初三日鈺孫在京患霍亂甚劇並此尚

未復元氣滯食少精神委頓延許翰仙之凱診之服疏肝去濕之劑

二十八日晴 見客兩班兩起吳儀堂一雲楣本日接電五件內電旨一件

昨發督辦處電已仍經代奏吳鳳桂交部議處仍飭查有無

剋扣情事發電二件 諸敦伯赴文安放賑中途病故深為惜之

二十九日晴 見客三班一起王小航議撤蘆團 連日天氣炎蒸甚於三伏本日

接電五件內發電四件內電奏一件 鳳字營遣撤竣事

七月朔日晴 見客兩班兩起 一鄭善臣自唐山回 一吳儀堂辭回湖北 本日接電六件
發電三件 下午又見丁衡山一起 樓子樂護運至德州 乘便來候
初二日晴 見客兩班兩起 一裕朗西辭行 一夏琅溪毓秀赴松潘鎮任 與子樂談家常
本日接電一件 未發電
初三日晴 見客三班兩起 一山東曹州鎮王冠傑由山海關遣撤回東 一丁衡山 下午杏孫商
件久坐出門會裕朗西並送行 子樂下榻行館夜談 本日未發電接十件
電三件
初四日陰雨 見客兩班兩起 一江安糧道馬植軒恩培押運過津 一浙江知府吳京培通州交米事竣回省
伍秩庸廷芳湯伯述紀尚均隨節赴京來見傅相辭行 午間往送
了本日接電三件 發電六件 前兩日炎威甚盛 早間得雨後天

氣驟涼，大有秋意。○澄炘乘新裕輪船回杭，閱電抄李興銳調登萊青道，天津道放李岷琛。○漠河金廠二十年分報銷得金價銀八十萬九千七百三十九兩零，開支四十一萬九千七百九十二兩零，估餘銀三十八萬九千九百四十七兩零，提存保險公積銀二萬九千九百四十七兩零，餘利銀三十六萬兩，按二十成分派黑龍江兵餉六成十萬八千兩，員司花紅四成七萬二千兩，商股十成十八萬兩，以一千二十二股分攤，每股應分一百七十六兩，餘銀一百二十八兩歸下屆。舊管開報中國礦務惟開平煤廠、漠河金廠最有成效，閱公牘及此，隨手記之。

初五日，晴，早間微雨。卯刻傅相起程入都，詣吳楚公所恭請聖安，回署見客兩班，德領事司良德來見，畧提租界事，本日接電二件，數

電一件 李稼送閩徐進齋壽朋唐山初四日信述峴帥病狀頗劇心竊危之

初六日晴 見客兩班 又江北漕運委員方壽蓁 蓁喜 等一起七人 拜發四摺四片 ○法員辦工出力請○賞給寶星摺○保定駐防被災困苦請○○賞給一月錢粮摺○閏五月分兩水粮價摺○北洋海軍陣亡傷亡各員弁兵請分別給予卹賞摺○守備劉寶璽年力尚健堪以録用片○周傳經等期滿甄別片○禮部主事王竝回京供職片○長蘆運庫本年奉撥京餉全數解清片 本日接電二件 發電四件

初七日晴 見客兩班 唐韡之意欲報捐銀五千兩請開復銜翎查

內閣奉○○上諭文華
殿大學士李鴻章著
留京入閣辦事王文韶
著調補直隸總督兼
充辦理通商事務北
洋大臣欽此

近案復〻 六月二十日戶部議復推廣順直賑捐捐例內業經議駁 本日接電三件發電二件
初八日晴 早起偕雲楣勉林閱視隄頭大壩及陳家溝減河水所
利所關按圖視歷一番於措置較有把握也回署見客一起
鄭州進沅自閩外 本日接電三件未發電
軍營省親回津
初九日晴 見客三班午後恭閱本日電抄傅相入閣辦事韶調補直
隸兼充北洋大臣○天恩高厚鉅任遂膺自顧衰庸愧悚何似本
日接電六件發電四件
初十日晴 見客兩班一起馬植軒奉到初九日○○寄諭一道係調缺後
○特旨訓勉語長心重正不知此後如何報稱也本日接電
十五件發電十七件適逢其會萃集一時半年來所未有也

由驛遞遵　旨覆奏一摺夾片一件閏五月二十七日　寄諭飭議胡燏棻等條陳

十一日晴　辰刻恭設香案望　闕叩頭謝　恩寅僚咸賀以前兩日皆忌辰也見客兩班一起婁椒生午刻拜發謝　恩請覲摺昨奉　寄諭後意有所觸燈下手具疏稿以　寄諭為質下筆尚不粘滯謝　恩摺之創格也傅相電來以眷屬乏人照料商從緩遷謝議即日以儘可從容荅之本日殿電抄滇藩放崧蕃滇撫放魏光燾各飛電致賀接電八件發電五件

十二日晴　見客四班兩起一曹蓋臣一聶功庭均賀下午杏孫商件德領事司良德來專商租價事奉到十一日　寄諭一道議約電奏抄交張之洞本日接電八件發電五件閩電抄江西藩司放陳湜即電賀之

十三日晴　晨起見客一班出门謝客回時雨畢杏孫勉林来商件

界事　仍德祖　本日接電十一件　發電三件　閲電抄蘇臬放吴承潞

十四日晴　見客四班一起山丁衡　美領事李德　同副領事丁家立

来賀杏孫翼燕謀商峴帥行館事本日接電二件發電四

件陳月溪畢明病故旅館前以病赦重移出茲竟不起萬里

孤踪殊堪惆惻季衡移孫采三為之料理後事不致草率

十五日晴　見客五班一起　編修劉益齋學謹天津人　緝臣以縣丞分發安徽驗看

出京暫留小住本日接電四件發電二件家信

十六日晴　河神化身顯應黄工舊有此説漕船過津歷年亦往往

有之昨據江北第二起漕船送到黨將軍化身供奉大王廟

今早循例前往行禮敬瞻神象馴順不驚此理固當可信也回署

見客三班兩起一君毛實一劉幼樵嘉琛天津庶常下午約雲楣杏孫勉林商件

士周考試竈籍本日接電七件發電二件謝8恩摺差回津奉十四日8

硃批毋庸來見欽此

十七日晴見客兩班一起陳本樂亭令日本領事荒川已次副領事太河平

隆則來賀下午雲楣杏蓀成同來商淮餉出入大畧楊泗將軍見於行

館外北洋橋送至大王廟供奉有頃即去手及行禮也本日接電

七件發電五件

十八日晴見客四班兩起一鄭善臣唐山回一福培卿山海關道篆下午杏孫商件本

日接電三件發電五件

十九日晴 見客兩班 羅稷臣帶德國瑞生洋行補海斯德來見 欲購
英國阿摩士廠飛霆獵船 係其經理也 峴帥移節來津 病體
新愈 恐其輪車勞頓 未即往候 俾資養息 本日接電二件
發電四件
二十日晴 白露節 見客四班 一起曹蓋臣 謝薪水 午往進城 候劉峴帥 以鎮署為行轅 病
已全愈 惟氣分尚弱 少坐片刻 不敢多談 此次營務處係曾經
鄂同來 馮華垞尚在山海關養病 本日接電十件 發電三件
二十一日晴 見客五班 接電三件 發電三件 陳悦喬大令時福 運銅
到津 五月杪由瀘州開行 ○直省頻歲水災 民困已極 本年四月初風雨海溢
又成巨祲 急賑加賑 竭蹶不遑 深慮伏秋兩汎 被水又如往年 則官

民俱困必至無可措手乃四月以後望雨得雨一兩即止通省高原下隰大秋一律茂盛現在節逾白露農田次第收穫訪之官紳僉謂數十年來所未有鄙人德薄適逢其會寅感之餘書此以誌僥倖若貪天以為功則吾豈敢

二十二日晴 見客四班 一起 郭善臣調補壽春鎮 本日拜發四摺四片○遵○旨議覆疏通塌河淀河道摺○代奏宣化府李肇南條陳礦務摺○通州等屬裁撤腰撥摺○津海關一百三十九結奏報摺○試用道錢奎元期滿甄別片○天津海稅請仍儘徵儘解片○撤銷譚清遠張奉先卹典片○官剝船戶仍照案酌加工食片 接電二件

二十三日晴 見客三班 兩起 一聶功亭 一唐子明 曾經鄂 昨日奉到二十一日○○

寄諭一道胡蕙馨奏近歲水患頻仍 本日奉到二十二日8寄諭一
道宜酌撥防營辦理水利
道有人奏吳橋甯津東光等處有劇 接澄妹漾電 長媳患吐血
盜名草上飛應派委員弁嚴拏務獲
甚劇即命 鎔孫迅速束裝南歸省視接電七件 發電六件
二十四日晴 見客一班出門拜客 鎔孫午刻赴唐沽乘海晏船南歸
本日接電五件 發電三件 閱電抄德馨因參案革職德壽調
江西撫陳寶箴升湘撫又胡聘之升陝西撫
二十五日晴 見客三班一起玉雲舫商賁 辦銷各節 發烟台上海杭州三電為 鎔孫歸
省事殊累心也本日接電六件發電四件
二十六日陰雨 見客三班四起 一胡雲楣辭行晉京偕 一李灼堂使 一李贊成來滿通籌餉事 一俄回京
一潘梅園自 一李世兄經邁 閱電抄直藩王廉調于蔭霖署皖藩
一十方院來 一行四號趨高

龍錫慶竹淅潘鄂泉惲祖翼補本日接電八件發電　件
二十七日雨霽見客三班午後乘快馬小輪船赴婁竹林谷拜王灼棠他
出未值順赴英日領事府署謝步美領事李德日領事荒川巳次均
晤談守安安子經翁自蘇州府來本日接電三件發電五件鎔孫於
巳刻平安抵滬遵電諭候陸弁必順孟再定行止陸弁即晚上新濟
船南行奉到二十五日8寄諭一道疏通河道摺照議譚清遠張昨二
奉先撤銷郵典即行革職
十六日拜發正摺四件夾片七件〇遵8旨查拿擄人勒贖匪徒
牛棠獲案訊明懲辦覆奏摺〇遵8旨覆奏摺蠡縣馬慶麒參案〇遵8
旨覆奏摺玉田縣陳縉參案〇遵8旨查覆山東賊匪擾及直境辦理情
形摺〇張鴻翰辦理津郡商團請8賞二品頂戴片〇長蘆運

司李希蓮飭赴新任片。劉坤一請假赴津調理謹陳病狀片。
挖河築堤佔用粮田請豁免錢粮片。甄別教佐不及額片。盧勇
津團遣撤日期片。官剝船隻因海嘯擊沈傷損分别裁除修理
片 是日胡雲楣遵旨辦軍務處電起程入都
二十八日大風雨 見客三班四起 一劉康侯麒祥遵〇〇旨入都 一曾君和世兄廣鑾劼剛子入都考蔭並襲爵
一丁衡三稟辭赴江南 一馬介堂維騏雲南來請咨引〇〇見 本日接電九件發電二件
二十九日晴 繼述堂同年 裕 殁於廣州將軍任靈櫬回京過津率寅
僚公奠歸途答客回署見客三班兩起 一潘梅園稟辭 一通永道張筱傅紹華
曾緘鄂唐子明同見峴帥有事相商也拜發正摺四件。被水各
屬請緩徵粮租摺。口北道吉順丁憂開缺請〇旨簡放摺。六月分

雨水粮價摺。奏劾倉場各員摺。本日接電四件，發電八件，內電奏一件擬請暫留卅任閩臬季邦楨

三十日晴 見客兩班五起 一曾君和辭行 一蕭淑篔瑩爵本科二甲第一湘門生之最親者 一馬介堂 一郭善臣 一周季士 竟日碌碌無片刻閒也 本日接電三件內8電旨一件季邦楨准留 又飭查北洋現存軍火數目 發電三件內電奏一件查復北洋軍火數目

八月朔日晴 見客四班本日接電四件發電四件

初二日晴 見客四班三起 一馬介堂辭赴京 一工部員外程建勳 一戶部主事楊觀圭 午後出門答客并道亦青到任喜少坐順候峴帥談有頃精神氣色日起有功可喜也本日接電四件（三）內8電旨一件飭撥甯夏將軍鍾泰槍械軍火 發電一件

初三日晴 見客三班三起 一 前廣東藩司游子岱智開奉◎召入都時年已八十而精神矍鑠如六十許人可羨也
一員梧岡鳳林由皖臬擢晉藩入都黔中舊屬也 一翁偁夫熙孫自上海來惠夫之二胞兄 俄領事德密特
來道喜坐久之又瑞生行東補海斯德來見言飛霆今日抵大沽
拜發正摺四件夾片三件◎察看總兵人地相需懇請更調摺
◎馬維騏赴部引◎見請◎旨錄用片◎聶士成等老親懇請◎
恩賜摺◎截留漕米發給各營收回價銀摺◎特參知縣疏防劫
案摺◎本屆江浙海運經費循例請免造報片◎湯紀尚捐助軍餉
請立案片◎本日接電四件 發電二件 上李中堂書
初四日晴 見客三班一起 郭善臣 宋佩箴 午後荅拜游子岱本日接電五
件發電三件

初五日晴 見客三班一起翁緝夫辞行進京 沈炯甫自湘来津 本日接電二件發電二件

初六日晴 見客兩班兩起一曹藎臣辞行下鄉 一廣東庶常李守一右銘鞠芳尹翔墀慶舉 右銘由省到津既喜其飛升又惜其速去彼此依戀之情均出於不自知朋友所以列五倫之一也法領事杜士蘭来賀 本日接電五件 發電一件 鎔孫由滬回杭

初七日晴 見客三班一起右銘久談 慕韓偕汪建齋自京来津 楨兒三十三歲生辰小有酬應 本日接電三件 發電一件

初八日晴 見客兩班德使紳珂自烟台回京偕司領事来晤 奎樂峰中丞由江蘇調任陝西行抵上海適其大夫人病故本日扶護抵津 率寅僚公奠

午後赴業竹林答伸公使並至俄法兩領事署謝步均少坐二刻許

回轅已傍晚矣本日接電五件未發電接總署初七日信查日本

病故俘虜接李中堂復書

初九日晴　昨感微風喉嚨作啞謝客一日本日接電三件發電一件鎔孫

初七回杭昨今均有安電稍慰馳念

初十日晴　見客四班三起　一新授天津道李少東岷琛自京到省四川人　一江安糧道馬植軒　一山東糧道狀涵

本日接電六件發電二件

十一日晴　見客三班兩起　一嚴佑之作霖關外辦賑回　一羅稷臣辭赴英國前總兵京傳相調

滕伯祿偕補海斯德來見本日接電二件發電四件

十二日晴　自己初至未正絡繹見客幾不記班數起數其可記者一張子

賡一文 王龍一端 萬本一棟 陳翼一亭 鼎功一山 吳樂一階州 如星一彪 孫金甫初出門答客
歸巳酉正二刻憊矣是日接電六件發電二件閱電抄劉秉璋
革職永不敘用因四川教案也
十三日晴 見客五班兩起一胡雲楣自京旋津一郭善臣 昨十二日拜發四摺
四片○永定河伏秋兩汛安瀾摺○請賞給大王廟匾額片○
請酌減望都縣糧賦摺○議覆胡蕙馨條陳水利摺○創辦
西學學堂摺○李希蓮到任謝恩摺片○永定河道呂耀斗出缺
請簡放片○徽末員弁請免扣三成養廉片 本日接電三件發
電件
十四日晴 見客四班三起一鼎功庭一嚴佑之一銘右 英公使歐格訥帶同參贊

戈頒来晤，由京赴津接眷，言明早即行，勿回拜，並稱新調駐俄頭等公使，一月後

即須出京也。本日接電四件，發電三件。

中秋節　晴　客来擋駕，即日答賀，十刻而畢。下午酌張子虞、高白叔、

吳經才偉炳、劉襄孫燕翼暨建齋、慕韓，皆仁錢同鄉也。此間事繁，又懶於請客，

到此後尚是破天荒也。本日接電五件，發電四件。

十六日　晴　見客三班三起，一右銘，一袁慰庭，一王小航。學使徐東甫侍郎會澧

接臨津郡，在吳楚公所恭請〇〇聖安。本日接電二件，發電一件。

十七日　晴　見客四班兩起，一趙次珊赴京〇〇陛見，一左子異，美領事李雅谷辭行赴

四川查教案，繙譯哲士、兵官巴柏同来。本日接電五件，發電二件。奉到

十八日〇〇寄諭一道，飭查獻縣武強境內劫奪匪徒嚴拿懲辦。

十八日晴　見客兩起　一雲楣　一杏孫　俄公使喀希呢自烟台回京偕德領事來晤　午後即答之　并送美領事李雅谷行　本日接電七件　發電二件　王雲舫辭行晉京　李勉林　李少東本日接卸天津道篆

十九日陰　微雨　見客三班、一起　右銘辭行回省　午後送王雲舫及右銘行　順道答客　本日接電七件　發電二件

二十日晴　見客三班兩起　一陳舫仙由奉天移師援甘　一郭善臣　拜發三摺四片。查明獻縣村民藉災滋事分別辦理情形摺。北洋軍事務殷繁調員差遣摺。調用武員片。天津鈔關一年期滿額外盈餘未能足額摺。鈔關免徵漕船二成貨稅片。部駁製造局加支經費[illegible]查明聲復片。新授天津道李岷琛飭赴新任片。候補知府

吴積鏊等期滿甄別片○新選阜城縣王伯鸞留省學習片 本日積接

電一件 發電四件 閲電抄胡聘之調山西撫魏光燾調陝西撫黄槐森升雲南撫游智開放廣西藩

二十一日晴 王雲舫少司馬文錦團練差竣回京辰刻恭詣北门外○○

玉皇廟率同司道等恭請○聖安 魏午莊移營山海關昨晚抵津

歸途往候之晤談有頃 杏舫仙槎値午莊旋来談又久之 汪建齋回江西

朱式如回杭州 接鎔孫本日電知於今午偕巽卿動身来津 懸系

之私少慰 拜發三摺三片○二十年下半年京控已結起數摺○蘆鹽

加價遵○○旨辦理摺○報銷蘆勇收支餉項摺○廣恩庫地租奏

銷未完分數片○裁撤仁字才字等營並飭淮揚鎮潘萬才赴任片

○撥解陝甘軍火片 本日接電三件 發電一件

二十二日晴 見客四班兩起 一馮莘垞 一杏孫 奉本日電旨一件飭解董福祥軍營洋火藥

又接電六件 發電二件 接鎔孫到滬電

二十三日晴 見客三班三起 一蔡鶴君壽臻查勘河工回 一徐孟翔 一潘梅園自省來 閱電抄

調員差遣摺本日有明發 接電六件 發電一件

二十四日晴 見客兩班兩起 一李贊臣 一高白姊 荷蘭國公使克羅伯赴

京來見劉峴帥病愈出门晤商一切坐談良久精神步履均

大有起色矣本日接電四件發電一件

二十五日晴 見客四班三起 一鄭州進沅 一士周署臬篆辭赴省 一潘梅園回省 午後乘快

馬船赴紫竹林荅荷使克羅伯 本日接電二件發電一件

二十六日晴 見客兩班兩起 一魏午帥 一李季高辭行進京 午後出门荅客晤峴午

兩帥峴帥商發公電致楚辦處總署論還遼償款事奏二十五日〻寄諭一道增祺定購快礮飭酌量辦理拱北輪船自錦州裝運福壽營湘勇來津據報本日巳刻在天橋廠因烟冲炸裂失事尚不知傷人多少吁險矣哉接電四件發電七件鎔孫即晚上新裕船來津

二十七日晴　見客三班三起一舫仙一孫仲華榮枝仁和彩貴分戶部一陳蘇甫赴京引〻見英領事寶士德來見張潤和自嘉定來本日接電一件發電二件

二十八日晴　小有感冒謝客一日拜發正摺四件夾片二件。塩山縣海潮被淹地畝請緩徵錢粮摺。雄縣駐防兵丁被災困苦請加給一月錢粮摺。光緒二十年八項旗租未完分數員名摺。秋禾約收分數片。委署藩臬兩司片。七月分雨水粮價摺本

日無接電　發電二件

二十九日晴　感冒漸清　仍謝客一日　午帥辭行　亦未得接晤也　本日無電報往來　鈺孫於酉正抵大沽口　夜痔恙萌動　疼甚　以紅靈丹敷之　極效

九月朔日晴　松晴濤　陛見出京　赴奉天府尹任　在吳楚公所恭請　聖安　晴濤旋即來晤　德國參贊師特恩博由京赴山東過津來見　鈺孫於巳刻抵署　巽卿　次咸同來　本日接電二件　發電四件　精神一切漸已如常　胃口仍稍滯

初二日晴　見客三班三起　一松晴濤辭行　一延世兄燮赴大冶任　一陳巽倩桐甫庶常假歸　下午荅晴濤　奉初一日　寄諭一道　通飭保護教堂　先光祿九十七歲誕辰　祝享如儀

本日接電三件　未發電　李勉林辭赴濟南　尚須回津再赴任也

初三日晴 見客兩班一起杏孫巽卿夜談本日接電一件發電二件

拜發三摺由驛○鐵軌商路請歸併官局辦理摺○原任天津府汪守正政績請宣付史館摺○天津辦理海運出力人員請獎摺

初四日陰雨 見客兩班德國克虜伯礮廠熟習礮務委員總兵葛〻蘇工程師包爾由信義行商滿德帶領持許竹篔信來見亦兜攬軍火船礮鐵路〻類也又英商何嘛思由竇領事函浼繙譯官朱令寶奎帶見來意亦猶是也本日接電三件發電一件天氣驟寒

初五日午前晴午後陰 見客四班兩起一郭善臣一延季雲世見過奉初四日寄諭一道

奉天催餉甄甫便衣來談即辭行赴京本日接電六件發電二件

初六日晴 見客兩班兩起一吳楚生式劍一毛實君德曉帥被議回京昨到天

津寓紫竹林午後專誠候之慰問奎同壽喜隨往游洋花園歸途過三汊
河後快馬機器繳損輪滯不靈仍乘輿而歸時已薄暮矣本日接
電六件發電二件
初七日晴 見客四班德曉帥過訪午後司良德来見言租界事奉到初六日
8寄諭兩道一參案飭查一李念慈條陳北運河水利飭委妥員查勘本日接電五件發電
三件
初八日晴 見客兩班兩起一右銘由省来一功亭自盧台来 本日接電二件發
電四件
重陽節 見客四班一起右銘 本擬午後偕右銘同訪峴帥商湘軍援甘事
乃午膳未畢峴帥適惠顧復邀右銘来詳細籌商三人連名發電

奏一件客散將上燈矣本日接電四件發電三件

初十日晴　見客兩班右銘善臣均辭行徐東甫學使考畢來晤將於明日起程按臨河間兩次出門早間送右銘善臣行任善臣慶少峯午後送學使行即赴浙江館公請本日接電四件發電二件

十一日晴　見客四班兩起一袁慰庭進京一巢梧仲回浙八月十三日奏請酌減議望都縣糧賦一摺奉部議准酌減五成本日見明發○諭旨此事頗覺心安理得也本日接電三件發電三件

十二日晴　見客三班吳蕙吟宗丞應○○召入都來晤久談午後出門候峴帥舫仙回署已上燈矣本日接電二件發電三件

十三日晴　見客四班二起一朱季雲自省來一周道生政由雲南來　本日接電五件發

電一件

十四日陰雨 見客兩班 英領事寶士德 美副領事丁家立先後來見

拜發四摺一片。陳澤醴李兆梅虧短三河滄州等任内交項照例參追摺。光緒十三年至十五年各州縣兵差報銷摺。光緒二十一年附近省堤河歲修搶修工段丈尺動用銀數摺。光緒十八年六月至十九年五月賑款收支開单彙報摺。協撥山東賑款片

新寒料峭可擁重裘 本日接電三件 發電二件

十五日晴 見客四班 奉本日8電旨一道 魏光燾西援飭屬預備應付作正開銷 接電二件 發電二件

十六日晴 見客三班 兩起 一魏午帥由閩營全隊援甘 一新授浙藩龍仁陔恩錫晉京 嚴幼陵複

連管輪洋教習麥賴斯駕駛洋教習霍克爾來見雲楣辭晉京午
後答午帥晤談答竹陔未值乘快馬往乘輿歸本日接電二件
發電二件
十七日晴 見客三班六起一龍仁陔一劉益齋一湧幼莽請假回籍一張子遇赴京一吳烟齋一吳樂山 本日接電二件發電三件
十八日晴 見客三班李蘭生之子瑞清號梅癡出京來見本科廩常 本日
發電一件無到電
十九日晴 見客三班本日無來往電 接電三件發電四件
二十日晴 見客三班英公使歐格納調充俄使回國往送之頗深談因上次由烟台回京行期匆遽
辭匆往送故此次有加禮焉 順道候幼莽少坐已薄暮矣巽卿回鄭幕

韓赴滬接家眷　本日接電二件發電一件

二十一日晴　見客三起　一惲菘耘晉京陛見　一李勉林由濟南回津赴烟台任　一魏午帥言隊伍自二十四日起陸續開拔謝恩批摺著來見料理粗就即晉京　福州將軍慶蘭浦裕靈櫬回京設公祭親詣行禮歸遂定議饋款三千萬二十二日畫押三十日付款三箇月內撤兵　本日接電二件發一件

二十二日晴　見客三班　一趙菘耘辭行　一正定鎮徐見農邦道歸途奠菘耘

本日拜發四摺四片○東明黃河獲慶安瀾摺○又添撥另案經費片（摺）○支應局二十年分收支報銷摺○豐（曲）陽等縣疏防刦案奏參摺○大名鎮請更換關防片○請（勸）修建宣化府護城石壩請立案摺（片）○吳宏洛吳育仁各赴調任片○知縣續完旗租銀兩請減議片　本日拜發○○○皇太后萬壽賀本

二十三日晴 見客三班 法總領事杜士蘭帶同工員吉禮豐来見
蘆溝橋壩工案内曾請 徐棣華由省到津下榻行館楊仁山
賞給二等第三寶星
農部挈眷晉京匆匆一晤修金送至本月止
二十四日晴 見客三班 兩起一 幼蒼辭 陳程初之長孫死泰 譚廣
行回籍 一號卓銘晉京考蔭
生自長沙来下榻行館
二十五日晴 水師學堂年例考課辰正前往 約十七八 里走六刻 學生六十人文字
技藝均有可觀司道咸集即留午膳飯後至機器局徧閱各
廠規模具備想見經營締造之不易也時管學堂為嚴幼陵
復洪翰香恩廣 管機器局 北 東局 俗稱 為傅懋元雲龍 傳本省候
補嚴侯選洪分省均道員署 回 己酉正矣胡蘄生中丞新授晉撫

交卸浙藩進京椝顧未值致督辦處信論操練旗兵事

二十六日晴　見客三班　李壽庭辭回江南　馬介堂引見出京　胡蘄生中丞椝晤久談意國公使巴爾迪由烟台回京來見言明日即行辭勿答拜午後出門候蘄生未值歸途看舫仙病談有頃回署又薄暮矣

二十七日晴　見客三班　一起介堂　致總理衙門信　咨送李家鏊條議並令赴京預備傳詢

奉到二十六日寄諭一道係案飭查

二十八日晴　見客兩班　蘄生進京　在吳楚公所寄請聖安峴帥午帥均到峴帥領班就訪舫仙久談將散者孫銷假美副領事丁家立托滙四川銀一千兩交李領事雅各　拜發正摺四件夾片兩件○擬請派員勘辦三姓金礦摺○東海關一百四十結奏報摺○二十一年上半

年已未结，𢑥代摺。八月分雨水粮價摺。續撥山東賑款片。

省城分設米廠片。

二十九日晴　見客三班三起　一午帥辭行進京　一華瑞安太史學淵　一章鼎美天津人有年誼 旺

副領事丁家立帶同伯理恒大鐵廠武員薩林斯格来見，並送

機器圖一冊

三十日晴　見客兩班三起　一蕭瀫管自奉天回　一蔡鑑荃濬源山東候補道文安人　一魏寅仲隨午帥赴都送

午帥行来值侯峴帥晤午帥，適来聚談久之。訪白姊，亦未值，回孫壻

高子穀爾穎自家来，攜姊回南。嚴幼陵帶英國前水師官登瑞来見

此次考課邀来襄校也

十月朔日晴　午帥進京，辰刻在吴楚公所寄請8聖安，移居在

即行李紛紜案頭亦須稍稍清理是日祗見客一起天津府沈子敦文赴各屬查災回

初二日晴 竟日料簡一切見客一起顧廷元勳石賡臣委赴錦州會同宋祝帥委員接收旅順大連灣

初三日晴 午刻自海防公所移駐鐵橋行轅大堂以外規模卑隘宅

門以內屋宇寬敞光緒十年以前過此尚無此局面也余攜同兒

先到竟日酬應歷碌萬狀孟孚到津傾臣偕來

初四日晴 見客三班二起一峴帥一毛實君一馮星垞均見賀又見洋員兩起一德宓特

一丁家立帶同兵船主英廷裕等七人 竟日無片刻閒甚矣憊奉到初三日寄諭一

道來春應督接濟補昨奉初二日寄諭一道擬辦三姓金礦招股請閱電抄甘肅

楊昌濬開缺回籍陶模署饒應祺署新疆撫

初五日晴 城內外謝客六刻而畢見客三起一馬介堂一羅星潭一應毓蓀

傅懋元、蔣竹侯世兄自嘉定來 杏孫商件 上燈始散

初六日晴 見客三班二起 一徐友之 一彭器之 與飛千棣花夜談論竹侯事

初七日晴 見客三班兩起 一李山農長宗岱山東來經辦平度州礦務北洋有代挪鉅款急待清釐 一方嘯霞自京來 鍾孫二十歲生辰 在署戚友見賀往來酬酢亦頗熱鬧

初八日晴 午前見客三班午後客又絡繹至酉正始畢 精神日力祇有此數真有不了了之勢○發電奏一件 請飭程文炳督隊赴甘

初九日晴 午前因案頭有要件未見客午後客來四起 一白外辭回杭州 一介堂辭回雲南 一承敬兩商件 一甄甫商改稍 奉本日8電旨一道 程文炳業已請訓仍令前進所奏亦是實情通飭山陝河南各省如沿途有騷擾情事即着據實查明參奏

初十日晴　皇太后萬壽聖節卯初恭詣　萬壽宮率屬行
慶賀禮歸途送白丹行回署小憩午後見客兩班兩起一舒
之翰西園一王少卿委赴塘沽清查將勇一文滿德偕葛〻蘇色爾馬亦偕年
自京回鄂
彌同時来見　子毅乘新裕輪船回杭輝遠同船赴江西到省
十一日晴見客三班兩起一李健齋遣撤回南一姜桂題張光前帶兵入國遣撤韓鏡夫銑
奉調臬到德國參贊師特恩博由山東回京法總領事杜士蘭
偕兵船主德相棠先後来見陳甄甫同鄭世兄綬祺辭行夜談甚暢
十二日晴見客三班一起唐少村紹儀赴朝鮮充商務總董　寶領事偕兵船主司
巴格来見
十三日晴見客三班兩起一李山農辭赴京一姜翰卿桂題法領事杜士蘭偕其

兵官魏達理来見昨今迭接護陝撫張漢帥来電有董軍大隊全数渡洮河已解河圍之說聞之差強人意即並轉督辦慶巽程軍之不果西行也

十四日晴見客三班三起一章臬臣回山東一鄧翼之回廣西一汪蕭九杭州来德領事司艮德来見拜發四摺六片三百里由驛○陳湜所部湘軍遵○○旨挑留二十營餘即遣撤摺○陳湜因病請假一月在津調理片以上一摺一片會峴帥前銜○天津鈔關請儘徵儘解即飭關道極力報効摺○獨石口同知潘青照給咨赴部引見片○盛宣懷委赴上海整理招商織布局片○山海關支放各款請暫行減緩停支摺○山海關練軍月餉於防務剩款項下撥放片○二十年分續征屯租未完分數摺○

周冕接辦漠河金礦片。程建勳仍留北洋差遣片
十五日晴　見客三班三起　一劉康侯 一趙次巽珊 8陸見 一陸壽民錫 昨
回上海 一出京赴皖臬任 一康回江西
晚致常熟電言廿事大順程可緩行此非細故公宜力持盖耿耿於心不忘
不言也
十六日晴　見客兩班一起　華世兄 國文
營口牛莊於十四日收回　宋祝帥來電　山海關道
廷郤氏雍已先期馳往矣　委津海關道赴瀋整理局務一片奉
8硃批知道了　此次由驛往還最為捷速
十七日晴　見客三班兩起　一聶功庭 一伍秩庸 自京回　前德公使巴蘭德路歷赴京
過此來晤相見甚歡戊子入都曾貽余照相當時無以為報此來始以
本年照相答之因並屬題識數語意甚殷殷以因即日開船未及回拜也

下午日領事荒川已次偕兵船主井上良智来見接常熟望日手書

十八日晴 見客三班一起鍾筱舫培赴口北道任 英國廠商克德根持領事名片来見呈閱新式兵船圖樣竟並論鐵路事宜意極招攬生意也閱電抄吏右汪鳴鑾户右長麟均奉 特旨革職永不敘用 上諭有不學無術跡近離間等語知其於 召對時語涉 兩宫也噫處人家庭骨肉間尚非易事况事涉上及 宫庭乎誌之以資警惕

十九日晴 出門答功庭未值見客兩班杏孫銷假將有滬上之役談久之暮韓倩子修到津奉十八日 寄諭一道以王鵬運奏飭勿避嫌怨力求整頓

二十日晴 先太夫人諱日未見客署藩司本任臬司朱敏齋請旬於昨日因病出缺委署臬司李士周暫行兼署以實缺藩司王

介艇廉不久到任振轎委署徒多周折也

二十一日晴 見客四班四起 一吳子修太史 一翁述唐自湘來 一杏蓀商件 一李贊臣孫慕韓商件

洋人斯壁士來見 經辦軍火轇轕未清前任事也 自巳至酉匆匆了飯外無片刻閒 望七老翁何以堪此 拜發四摺六片由驛。本年秋禾被水災重州縣請蠲豁糧租摺。災輕州縣請緩糧租摺。武清等州縣被災請減緩錢糧摺。開東長三州縣被災請蠲緩錢糧摺。徵收土藥稅銀片。保護租界兵勇薪餉報銷摺片。機器局製造。翔鳳小輪船價銀請銷片。新授口北道鍾培飭赴任片。開州協千得祥請開缺歸提鎮班補用片。烟台嵩武四營請歸東省節制片

是日六十六歲生辰　胡雲楣派辦天津至盧溝橋鐵路見明發

二十二日晴　見客三班一趙商件唐伯康　天氣驟寒小河澌凍　昨日甫交大雪節令固有一定也　葉少薌自揚州來

二十三日晴　曾孫肇忠周歲　寅僚見賀一概辭謝　見客兩班均有公事　李孫辭行赴滬　閱電抄　李若農侍郎病故　文星遽隕可惜也

由驛拜發三摺四片○署藩司朱靖旬因病出缺　請以簡放臬司並派季邦楨兼署藩篆摺○魏光燾程文炳撥甘各營水路船價請准由粮台撥用片○請將日本送回之操江輪船管帶副將王永發革職片○大沽前右營游擊請以李忠純升補摺○大沽中右營都司請以谷潤田補授摺片○景州營守備請以戴兆祥

借補片。津海關一百四十結奏報摺

二十四日晴　見客三班三起　一吴子修　一姚仲虞賡韶訪梅、、孫　一吴瑞生

二十五日晴　見客四班兩起　一周桂臣廷棟刑部郎　一陳鶴雲辭赴改定　一中平江周文齋、、子　一永定河道任

遵8旨覆奏摺稿一件　七月十九日8寄諭飭查事件　為同兒議聘寶岩、、姪女

請飛千景萊作媒　閱電抄　直臬季邦楨調補　留一熟手可喜也

二十六日晴　見客三班　王檢予兆騏　趙星甫映長接卸天津縣事

同見　接替辦處宥未電稱軍務緩赴甘　前領軍火餉即繳

回備撥等因　此舉遲疑半月　已不知增幾許勞費矣　噫　大

風揚沙　天氣寒甚　海河亦凍　後批輪船已不能進口

二十七日晴　見客兩班兩起　一雲楣自京回津　一子遇亦自京回津　谷述在京聞見

情形托人〻憂昌云能已噫奉二十六日○○寄諭一道叅案飭查

二十八日晴 見客兩班 一起袁慰庭自京回 德領事司艮德率兵官李

聯琨來見 昨奉○○寄諭委郝運使天津道查復專差拜發

正摺三件附片二件 ○遵○○旨查明據實覆奏摺吳陶叅案

○光緒二十年帶徵節年地粮比較摺 ○九月分雨水粮價摺

○請飭藩司王廉速赴新任片 ○北洋購置建請練船籌

撥款項片

二十九日晴 見客一班 雲楣商件 峴帥來久談

十一月朔日晴 見客四班 昨夜子初奉到二十八日○○寄諭兩道 一預撥

來年京餉 一催解本年京餉

初二日晴 見客三班一起 吴贊臣廷斌自大名來 通飭各屬三站以外地方官不得借西宴公事為名常川到津到省每逢年節生辰即三站以内亦不准擅離任所行兩司各道轉飭府廳州縣一體遵照

初三日晴 見客兩班三起 一聶功亭 一吴瑞生 一檢討宋芸耔育仁由出使英法希賚銷差回京

初四日晴 見客兩班兩起 一毛實君 一內渡台灣鎮萬道生國華赴聶營 下午出門答客奉到初三日○○寄諭一道 催東北邊防經費

初五日晴 見客兩班兩起 一韓鏡夫 一陳世兄兆然 華世兄國文 香港英商麥加利總辦山頃持賚令領事信來見 開設銀行 將往天津 陸頌臣倩吴復平克泰赴省署辦日行標判事 奉歌電○○諭旨一道 金旅台敞向歸北洋經理此後如何布置飭悉心籌度具奏

初六日晴 見客兩班兩起 一徐仲可珂 一趙星南恢辰 一茂農本家辭赴清苑任 明日長至

即晚祀 先圍爐飲福團聚一堂男女大小共十六人亦家庭好
氣象也
初七日晴 長至令節卯正詣8萬壽宮行慶賀禮是日微有
感冒畏寒頭脹謝客一日發電奏一件 委劉含芳覆勘旅大台礮情形
初八日晴 感冒未清請鏡夫診〻即服其方
初九日晴 感冒仍未淨邀鏡夫復診謝客第三日
初十日晴 感冒漸清精神尚覺委頓峴帥辭行進京札掙接
晤相處半年彼此極相得氣味〻投不在尋常形跡間也拜
發四摺五片 專差○預籌來年北洋海防經費照章估報請8
飭部指撥摺○本年封河後未能晉省仍駐天津片○永定

河道陳慶滋飭赴新任片。廣东等省勸辦順直賑捐出力官紳請奬摺。候補道張振棨等辦賑出力請送部引見片。籌辦晉邊賑捐出力員紳請奬片摺。報銷陝甘電綫工程收支經費摺。繳銀能二十年節利等銀片。儘先副將楊慕時等留直補用片。仍請鏡夫復診用六君子湯加減

十一日晴　午刻勉強出门送峴帥行坐久之接頤收元勲等本日電稟金州於初六日旅順川於初七日大連灣於初十日次第收回遼地一律退清矣當即並設電奏聞並知照奉天南洋等處　各直省督撫亦並設公電知會日人之禍至此結束也

十二日晴　峴帥晉京辰正詣玉皇廟寄請聖安回署又繳覽

受風知客感仍未盡淨也請鏡夫復診之下午約賈制軍鎮
軍趙滕來商盛軍歸併事
十三日晴 見客四班甚覺勉強仍請鏡夫復診燈下手擬奏片一件
瀝陳歸併 又改定摺兩件適患小恙恰值事忙支撑頗不容易
商路情形
十四日晴 昨日憊甚今日仍謝客未見稍資休息由驛拜發正
摺二件夾片一件○遵覆十月二十六日○寄諭摺○詳陳歸
併鐵軌商路緣由片○陳覆十月十八日○寄諭摺
十五日晴 仍避風未見客諸恙漸平
十六日晴 見客一班奉十五日○○寄諭兩道一有人奏盜賊橫一行請飭嚴緝
有人奏賭風甚熾請飭查禁

十七日晴　見客一班　一起花農由驛遞回十四日拜發兩摺一片均奉

硃批知道了欽此

十八日晴　見客兩班　午後又見客一班　奉到十七日寄諭一道　奉奏飭查閩電抄劉

峴帥回兩江任張香帥回湖廣任

十九日晴　午前後見客三班　奉到十八日寄諭一道　奉案飭寅覆查

僚以生日屆期間有製送屏聯者署款之物却辭之太不近情受

之殊覺滋愧耳

二十日晴　見客兩班　下午寅僚預祝此等俗例到處皆然靜言思之

堪發一噱

二十一日晴　作六十六歲生辰　在署戚友設早麫六桌晚席五

臬酬酢往来頗不寂寞

二十二日晴 見客四班一起王少卿

二十三日晴 見客三班 接陝甘来電平戎西寧亊業已一律解圍甘事將了良深慰幸 檢點都门年敬单較較在滇不能無稍擴也

二十四日晴 見客三班一起彭小圃光譽分省補用道福建人 旅順金州電线已通 宋祝帥於廿日到旅 劉薌林於二十日到旅 專差拜發四摺片 ○文安天津大窪地畝請蠲緩粮賦摺 ○並署藩司臬司李秉楨請假交卸藩篆再行晉京 陛見片 ○記名提督萬國本請留北洋差遣片 ○天津機器局光緒十九年分報銷摺 ○北洋製造局加工軍火請撥款片 ○知州謝巨源等請撤銷郵

案片○黑龍江漠河金廠積存餘款銀十萬兩請報効軍餉
摺○永定河籌備來年辦防稭料摺○永定南北運三河
本年搶修銀數片○外任永定河南道陳慶滋報捐軍餉請
8賞戴花翎片

二十五日晴　見客兩班　同金兩兒生母生日　閱雷抄　雲楣升府尹
大風揚沙竟日未息

二十六日晴　見客兩班兩趟　一雲楣一周道生　政以知府改敎奉到
商件直隸引○○見到省

二十五日○○寄諭一道　有人奏直隸道員一班丁憂者三四人其
候選及他省人員亦復不少以致府廳州
縣相率效尤請一律撤去　柳门罷官後曾馳書慰之接復
差委奉○○飭查明辦理
信意氣和平能見其大殊足佩也

二十七日晴 見客一班一起傅懋元 午後出門城内外謝步五刻而畢

自初旬感冒後至今尚未十分清楚今日風暑小不敢再肆遲

也閱電抄六舟仍署順天尹○内閣中書黄方舟鳳岐湖

南安化人戊子鄉榜甲午進士 持頌閣信來見其人文武兼資頌閣

深奇其才即晚接閱電抄奉旨發往魏光燾軍營

差遣此即所請也同案尚有編修陳嘉言

二十八日晴 見客兩班一起黄方舟 拜發正摺四件附片六件專差

○籌辦奉天賑欵請附入順直捐輸請獎摺○南洋兵輪

駛抵旅順日期片○陳湜請續假二十日片○臨榆縣貫

國楨與寶坻縣張孜第互相調補摺○山海關常税請展

限半年儘徵儘解片。奉天唐仁廉軍營寄存槍罈請

留於北洋備用片。開州協副將員缺請以涿州營參將

張士翰升補摺。固關營守備苗開泰請開缺歸參將

班補用片。通永鎮守備員缺請以黎經邦補授片。

十月分雨水糧價摺

二十九日陰 微雪 見客三班三起一 雲一花一劉星岑淮婿前鎮遠府本 楣一農一趙病新授漳州府

日得雪寸餘至晚彤雲密布雪意尚濃深以渥沾闓澤為盼

鄰林來電委查旅順大連灣船塢砲台局廠各工程甚為

詳晰分別緩急循序辦理宋祝帥亦同此意是可幸焉

三十日晴 見客兩班復蘇子熙電并致繩〻子熙屬道地也

乙未十二月

初一日晴　見客三班　新授福州將軍裕壽帥交卸。盛京

軍篆晉京8陛見　本日由火車到津　因外感未清未

能出迎　於其舍館後往謁久談　戊子赴湘　壽帥適官鄂督

舊同事也　封疆將三十年　向年纔五十六耳　亦可謂早達矣

初二日晴　見客一班　兩起　一唐子明一少　曾經郛一東　裕壽帥過訪久談　言大連灣

本名柳樹屯大連灣乃本地土名也　閱電抄　許振禕補廣東撫　張人駿升廣東藩

魁元升廣東臬　前昨兩晚手擬摺片各一件　此間事繁不常握

管　偶一為之　亦尚不十分滯澀

初三日晴　見客兩班　一起　重慶鎮呂本元　河北鎮孫顯寅　壽帥辭行　一起由遼陽州大高嶺調回俟歸併

即往送之彼此周旋回署已上燈矣

初四日晴 壽帥晉京在 玉皇閣恭請 聖安歸途吞呂孫兩鎮

專差拜發四摺五片○遵 旨查明覆奏摺十一月十七日 寄諭○調員

差委片黃遵憲○十九年鹽引奏銷摺徵課四十餘萬兩○陳湜馬隊餉

項請立案片○陳湜找領九月分車馱喂養仍由江南核發片

○改教前任呂黎縣丁予懃賬虧項革追摺○主簿趙福濟等請

卹片○知縣苗玉珂捐輸請建坊片○薊州獲賊劉喻氣故殺

屈王氏一家二命審明定擬摺

初五日晴 見客兩班兩起一雲楣一洪翰香

初六日晴 見客兩班兩起一傅懋元一王少卿 桂公爺祥 以伊子德恆授

本日恭進銀魚花桶回網白魚花鰣鯉魚各九尾紫蠏九十對鹽政年例也即冰鮮貢

室具柬函致以百金賀之

初七日晴 見客兩班兩起一述唐一奉天候選道王𡧪元頤勳唐一係辛亥同年王蓮西乃郎補 天寒晷短歲暮事繁歷碌終朝應接不暇殊累人也彬孫素購通鑑及宋元明紀事本末全部並及綱鑑正史約就官書局購之近日頗知涉獵每當夜深人静盡時有質問兒孫有志讀書亦大可喜事

初八日晴 見客兩班一起呂孫两鎮曾經鄂辭回金陵

初九日晴 見客兩班兩起一雲楣一厐農摺弁回津初四日遵8旨查明覆奏一摺奉〇〇旨留中 燈下看飛千病初一日出家8恩賞福字一方加賞壽字一方本日由摺弁賚回封疆二十四

年壽字尚初次加賞也謝8恩摺稿請午阁代擬

初十日晴 拜發元旦賀本見客三班拜發四摺五片。遵8旨查辦盜匪情形摺。拿獲趙州一帶著名巨盜曹清黨等辦理情形摺。札木薩蘭多承濟捐賑請獎片。副將舒拜昌積勞病故請䘏片。光緒二十一年分上忙錢粮已未完分數摺。請加撥開辦旗兵學堂經費片。附近省城隄河歲搶修經費不敷由旗租項下湊撥片。安州等州縣積澇地畝請蠲豁減緩粮租摺。改刊北洋機器局關防片

十一日晴 見客兩班兩起一毛實君一貫堂 發 手定年終密考单 士周亦來信商定。計典舉劾人數先電復之

十二日晴　見客兩班兩起　一聶功庭　一賈致堂　年內應奏摺片絡繹

而來日行事件年終尤夥蓋如入山陰道上應接不暇也

十三日晴　見客一班一起　王苑生商會館團拜日期　連日夜大風庭中灰土積

厚寸許　此北方景象也　眷屬中初次南來者詫為得未曾

有吉日胡雲楣大京兆六十壽辰製聯祝之　聯曰洛陽勳業烟

此駟鐵陳圖禹甸山標皆順軌　時方承修津盧鐵路　畢公保釐是若

鶴筭籌添筭堯衢臘鼓正祈年　午閣手筆也○專差拜發謝

○賞福壽字○恩摺

十四日晴　見客兩班一起　雲楣　由驛拜發四摺六片○直屬被災各州縣

來春應分別調劑摺○來春先辦關外第一段鐵路片○永定

河接築石堤展限片。文大霸靜淀泊地畝豁減租銀摺。洋務
文報委員請獎片。四川等省勸辦賑捐出力各員請獎摺。聶
士成等練淮軍三十營營制餉章請旨飭部立案摺片。馮錫仁等勸
辦賑捐出力請獎片。葉毓榮勸捐出力請開復銜翎片。津團
兩營收支餉需報銷片。又同日專差拜發正摺四件夾片一件。
光緒二十二年歲修果渠村收支銀兩摺。東明黃河兩屆安瀾出力
各員請獎摺。津海關一百三十七結至一百四十結收支洋稅摺。
東征各軍打仗陣亡員弁請卹摺。海防病故員弁請卹片
十五日晴　見客兩班　手擬遵旨覆奏摺十一月十八日寄諭飭查事本繁重
日間又無片刻閒每夜於子丑間騰出數刻工夫為之至此盡三日脫稿

矣飛千病愈頗釋廑懷

十六日晴 見客兩班雲楣六旬壽辰專誠祝之主人出見客别無舉動也本年舉行大計兩司詳文本日亥刻始到趕緊核辦距十九封印祗兩日亦不甚從容矣手擬設立水利總局奏片稿

十七日晴 見客一班一起周提督蘭亭委赴行代統榆關防軍 核辦計典竟日目不及瞬手不停披夜子正始得就緒

十八日晴 本日辦計典未見客下午拜本後揭曉舉劾州縣以上十三員○保定府陳啟泰○永平府福謙○天津海防同知史詒善○景州王兆騏○清苑縣徐銘勳○河間縣張圭敬○吳橋縣勞乃宣○故城縣沈最初○長垣縣程樂○肥鄉縣張丙嚞○武邑縣張

世麟○豐潤縣盧靖○固安縣范思本○教佐九額四員○按經歷張
德森○天津府教授傅楫○保定府司獄車瀚○衡水縣典史耿恩守○河工一員
○天津府河捕同知馮清泰○鹽務一員○濟民場大使鮑昇煊○効八員
○廣昌縣教諭何榮光○慶雲縣典史陳植浮躁○廣昌縣知縣周樹枬延
慶州州判王鴻翔不謹○保定府經歷劉賡南不及○鉅鹿縣訓導蘭
得春年老○布政司經歷孫金鎔○清豐縣典史王肇垣有疾
十九日晴　午刻封印見客兩起一雲楣一萬生道夜酌在署戚友設四席
拜發專差四摺三片○遵旨查明覆奏摺十一月十八日寄諭飭查○又遵旨查
明覆奏摺遵化州參案飭查○遵旨勘辦河道情形摺○勘修潮白溫
榆河情形片○設立水利總局片○年終密考摺○學政聲名

是日鹽政衙门呈進果貢九色計佛手香橼木瓜廣橙蘋果春橘岡榴硃橘荸薺各九桶

片○已革安徽知縣吴本仁訪聞有招搖撞騙情事即日密拿到案發縣收審

二十日晴 見客兩班一起東少

二十一日晴 見客一班兩起一謹齋一均妹 徐興齋慶瑋由遼陽州送來大參兩匣金鹿一隻尚未開剝受虎壁參璵齋亦浙江人倪爽奮往以守遼陽功彩擢慶陽府○是日立春

二十二日晴 見客三班舫仙銷假並辭行赴山海關營次久談檢點年內應發摺件尚有七摺五片擬分兩起一由驛一専差準明早拜發 旨 廌奉○○均在花衣以前也右銘電来以早賑告急商之同人以兩萬金應之

統計本年共拜發
過正摺一百七十五件
夾片一百五十五件

二十三日晴 見客一班 兩起 一雲楣 一樾元 悅喬運銅差竣引8見到津
即下榻署中由驛拜發四摺兩片〇請添撥淮餉摺〇福謹綱
補承德府摺〇東海關一百四十結洋稅收支摺〇十一月分雨雪糧
價摺〇十九日奏片繕寫錯誤聲明更正片〇新授南澳鎮萬國
本謝8恩請8覲呈請、代奏片〇同日專差拜發三摺三片〇
淮軍第二十三案報銷摺〇又附銷各款片〇請8賞給西醫寶
星摺〇武強縣霍復元開缺修墓摺〇繆文辦賑異常出力請
破格優獎片〇陳湜銷假赴營片〇奉到二十二日8寄諭兩道
一前奏勘辦河工摺片奉〇〇旨 一飭查營口牛莊稅務
二十四日晴 見客一班 奉到二十三日8寄諭一道 飭查直晉毗連察哈爾地方侵 將

佑游民人查明懲辦並嚴定私買私賣罪名　又奉到二十三日　皇太后特賞福壽

字各一方康安草書大字一幅此雲貴所無也　恩寵有

加不勝榮幸之至。十九摺弁回津　覆奏十一月十八日　寄諭

飭查一摺承准軍機處知會奉　旨留中欽此。花農以

手繪花卉四幅並戴文節公山水直幅見贈文節公墨蹟我家所

無無意得之殊足寶也

二十五日晴辰刻微雪　見客兩班慕韓商件悅喬夜談接妹平年節四

書並有所述手復士周信

二十六日晴　見客兩班一起唐伯康　湘省長衡寶三屬旱災奇重右

銘電來已由籌賑局撥濟銀二萬兩矣茲由京寄到湘省京官

公函並咨平頌閣子密仲山以次京員三十八人加函勢甚迫切湘
函尤非常懇摯有愧不克當者並附到空白信百封捐册十本
情形至此是不能不勉勉盡力一籌也
二十七日晴　見客兩班兩起一雲楣丈一子惇與司道會商續撥湘賑銀
二萬兩余亦捐廉銀三千兩均趕年內滙湘即日電知蘇省右銘兩帥
二十八日晴　見客兩班敬帥電來又以鄂災告急令人有應接不
暇暇之勢夜年節敬神
除夕　杏孫電來代籌湘賑不遺餘力即電告右銘俄皇於明年
四月加冕改派合肥充致賀正使原派王之春邵友濂副之夜恭懸。
祖先神像敬謹祀享四代一堂氣象大好祀畢分歲男女兩席

男八人女七人雍和歡洽家庭之福也每思持盈保泰之義輒兢惕不能自已

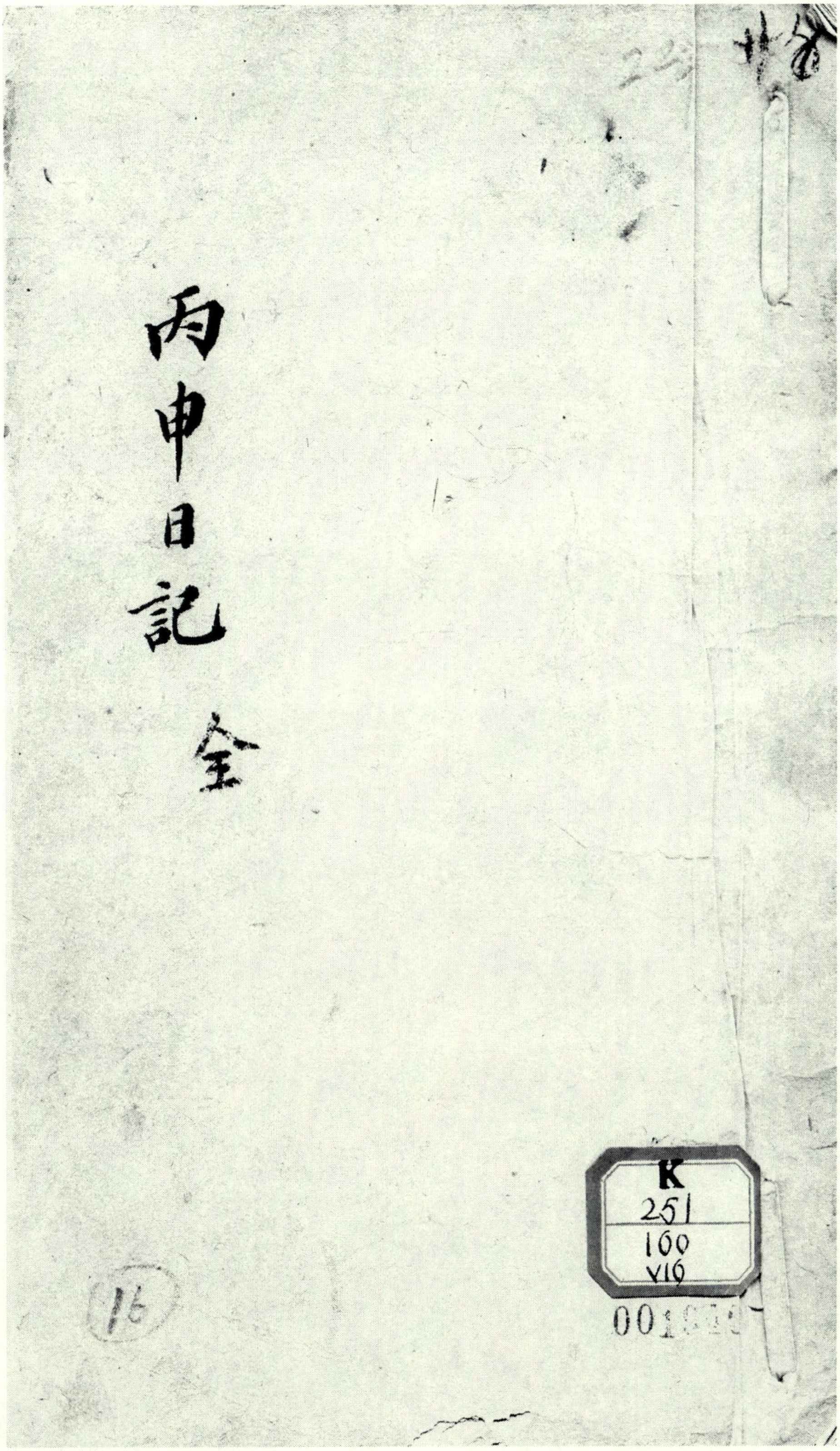
丙申日記
全
K
251
160
V16

光緒二十二年丙申年六十七歲　正月庚寅元旦丙申

元旦晴　卯正詣〻萬壽宮率屬行慶賀禮回署三太爺廟暨竈司前行香（三太爺署神也）寅僚見賀照向例在二堂彼此一拜惟雲楣行賓主禮尚強而後可也（上年升府尹後每見必循屬官禮真謙〻君子也）在署戚友互相往来外任以来莫多於今年矣午间小憩

初二日晴　本擬出门拜年風甚大雲楣用德律風傳語阻止〻〻同寅相愛〻〻意殊可感也竟日無客頗資憩息沈子梅電告頭班輪船二十邊開查二十二日交驚蟄節是其時也

初三日晴　辰巳無客睽春卿𦘦芳辭行進京合肥將奏帶赴俄也日本商約改派張樵野接議

初四日晴　出门賀年雲楣處少坐餘均親到閲時而畢　朱季雲臻祺由省營務處調津營務處来見拜發兩摺專差○皇太后賞福壽康安字謝○○恩摺○又皇上前謝○○恩摺均黄面紅裏

初五日晴　見客五班聶功亭軍門来賀久談午後出门荅客各營統領均於今早来見居五班之三催令速歸故亟荅之

初六日晴　英法俄德日五國領事官先後来賀年依次接見各盡歡文武寅僚招集浙江會館與雲楣功亭同作客申正赴之主人濟濟有戲頗熱鬧亥初歸

初七日晴　見客三班一起浙江會館首事料理手頭應辦事宜

初八日晴　見客一班一起呂道生美署領事丁家立帶同大學堂教習克

賴福又潘子儁帶俄國薩寶實行東四達爾祚福先後来

見聶功亭胡雲楣費制堂吴瑞生来慰庭公請席談海防

公所申初赴之亦有戲戌正歸

初九日晴見客四班一起功亭辭行汪伯棠由京来晤申初赴浙江會館

團拜先行香有五處與雲楣同席是日戲頗出色亥初二刻歸

初十日晴見客四班禮和洋行承辦格魯森廠軍火人連納来見

該廠軍火事歸該行經手領事官有信知會也

十一日晴見客兩班本日忌辰客少簡案頭積件清理不少

十二日晴 午初二刻出轅赴紫竹林答拜英法俄美德日六國領事

每處約二刻往返六刻申正歸 飛千病痊過談 錢夫人生忌

是日起
毓慶宮撤講

十三日晴 見客四班省署幕友陳雨樵 維藩 津到省来晤初次見
面也閲電抄鄂積誠升黔藩文海升黔臬唐藝農病故遺缺
奉到正月十二日8寄諭一道 嚴禁制錢私販外運 據皖撫福潤奏請 上燈祀先
十四日晴 見客兩班兩起一 韓鏡夫 一 汪蘭九 信義洋行承辦克虜卜廠
軍火人滿德来見陳六舟京兆書来商論本年應辦河工苦心經
畫極為周至洋二千餘言随即據事答之亦滿八行書七紙矣
上元節晴 見客兩班又 兩起一吳調卿一傅樾元 税務司德璀琳来見午刻出门答拜 雨樵
辭回省署
十六日晴 見客三班兩起一楣雲一艇介 吴调卿帶同滙豐總辦麥根
道世来見 發電奏一件 請飭藩司王廉先赴調任特俟晉京 夜看烟火

十七日晴 見客一班 兩起 一張子遇 一黄望之 奉本日8電旨一道 王廉着先行赴任季邦楨著即交卸來京 落燈祀先

十八日晴 見客一班一起 介艇 申正坐快馬輪船赴紫竹林水師營務處請各國領事官年底例也主客四十餘人頗盡歡亥初歸

十九日晴 辰刻開印 見客三起 一伍秩庸辭赴京 一羅耀庭自大沽來 一李少軒商地方公事 由驛拜發四摺三片○通籌北洋海防分别整頓布置摺○請給監造船工出力洋員寶星片○張愷康請補永定河南岸同知摺○部選樂亭令韓克謐留省學習片○二十一年分協撥各省軍火摺○二十一年上半年已未結京控案件摺○湯紀尚請咨引8見片余虎恩統帶〻虎字十營駐紮河西務定期遣撤頗不如法

委王得勝楊福同馳往彈壓開導諭以一切辦法並手擬簡明
告示携往張貼即日並電知督辦處
二十日晴 見客三班四起 一翁述唐 一羅稷臣 一諸肖菊引8見回鄂 一韓鏡夫德華
銀行商人 吴璧来見日本天津領事荒川己次調充蘇杭領
事天津領事鄭永昌接充竟日大風寒逾去臘奉本日8
電旨一道 余鎮如有剋扣抑勒情事飭查明嚴参
二十一日晴 見客三班河西務撤營事王楊兩副將稟来漸有歸束
致不滋事即電告督辦處
二十二日晴 傅相使俄本日抵津赴8 8玉皇廟率屬恭請8聖安
歸途即至海防公所謁晤畧談行裝未卸不便多坐也聶功庭

来晤久談
二十三日晴 見客三班兩起 一袁慰庭 一諸肖菊 吴調卿帶同鐵路總工程司金達来見 美署領事丁家立帶同英俄諸大商来訂二十六日各國官商公請 席設工部局 並餞李中堂
二十四日晴 傅相来久談 見客三班五起 一吴質夫自肖来 一陳舫仙自山海關来 一袁制堂 一介艇銷假 一沈子梅自滬来 竟日應酬 自早至暮未得片刻閒也 奉二十三日寄諭一道 張之洞奏移防旅順兵輪所需煤餉請由北洋支應
二十五日晴 見客三班一起 呂道生自山海關来 官場公餞傅相 席設海防公所 未正赴之 有戲 酉正席散 海宴進口 是日始食黃花魚
二十六日晴 見客三班兩起 一聶功亭 一吴瑞生 申刻坐快馬船至鐵路公

司少坐酉刻赴各國官商公請席設戈登堂即工部局又名

洋花園賓主百十餘人李中堂首座余次之雲楣又次之中國

官場約二十人各領事咸集餘則洋商居多人郝無女在內舉國若狂興高采烈得

未曾有回署已亥正矣

二十七日陰雨傍晚雪見客兩班兩起一王介艇辭赴任一羅稷臣隨一使出洋傅相辭行久

談日本新舊領事荒川已次暨鄭永昌来見申初即答之並送荒川

專書為別照以團扇一柄號南宮以權使稱之詩箋一匣申正赴招商局送傅相上

海宴船無高年七十有四遠適異國環歷地毬珍重臨歧為之黯然

○袁道大化稟復遵飭退還新股案內聲明駐滬委員程彬

年老多病稟係廿二日到附記之夜得雪二寸許

二十八日晴 見客兩班一起豐潘部寶季積誠9陞見出京 任筱園河帥抵津
申初五8玉皇廟茶請8聖安十年不見矍鑠如前蓋年
已七十有四矣寓淞江海運局彼此往還敘談甚暢拜發四摺
三片○試造槍礮並另購快槍請撥款摺9遵8旨議覆户
部籌餉各條摺○上年十二月分雨水糧價摺○威海建台購礮
報銷摺○藩司王廉先行赴臬司季邦楨交卸進京委清
河道潘駿德兼署臬篆片○錢慶培短交錢粮請豁革勒
追片○張曾敭捐助賑款請8賞給二品頂戴片
二十九日晴 見客兩班兩起林穉一周道梅生又洋人兩起一馬赤同年彌来
滿德同克馳馬一来即葛〻蘇遣撤余虎恩一軍特有周折殊費照料

三十日晴　見客三班下午少東来商件久坐金謹齋来談家常

二月朔日晴　見客三班兩起一雲楣一舫仙英國寶領事来見王楊兩副将自河西務回津遣撤虎字營粗有就緒奉三十日8寄諭一道特旨通飭廣甯礦產賓岩兩壻上海陳定甫攸同嘉定吳煜侯廷燿来津

初二日晴　見客三班一起前皖臬張筱浦學醇山陰人江蘇會館團拜公請申刻赴之亥初歸戲頗看得

初三日晴　見客三班嘉定顧惠伯桂山之孫徐少江穎江之子来津奉到初二日8寄諭一道參案飭查琥勲臣

初四日晴　見客三班三起一余鎮虎臣一王杉綠樹善一傅懋元約慕韓夜談美領事李雅各自四川回帶同丁家立来見夜雪寸許

初次進黄花魚五尾

二次進黄花魚九尾

初五日晴 見客三班兩起 一花農銷假 一王楊兩副將赴塘沽彈壓 滿德將回國並料
傅相出洋事帶同包爾來見 夜又得雪寸許

初六日晴 見客三班三起 一林穉梅 一張少山 一董賜谷燠辭 一廣生赴永平府任 虎字十營
今日下午甫一律上船開行 此次遣撤屢有波瀾 幸未滋事
並隨時派委員弁彈壓並料 已費二十日經營矣

初七日晴 見客三班三起 一唐翁述 一黄花農 一史光浦濟源 陸頌臣自保定來
閱電抄 劉省三中丞病故 卹典甚優

初八日晴 見客三班二起 一樓蔭五 一張戟門 新授滇撫黄植庭中丞槐森到
津來晤 本係熟人 又將赴滇 坐談良久 下午即答之 丁家立帶
同洋醫法來沙來看壽官足疾 意殊可感 酌嘉定戚友楨兒陪

奉到初九日8寄諭一道臚列各省產礦地方直隸指磁州

初九日晴 見客三班三起一彭器之一曹蓋臣一生玉菀 植庭赴京任吴楚公

咨行寄8安禮 陳定甫吴焜侯移楊署中

初十日晴 見客三班一起梅林稗 俄領事德密特將赴漢口借其代理人格羅思來見慕韓夜談 朱慎初繩祖陳悦喬均赴鐵路局

十一日晴 見客一班一起樓世兄汝增回清江 雲楣來久談頤恵伯徐少江辞回嘉定苑農丁内艱閩道以李少東調署津道以高仲瀛遞署閱電抄亦青升黔臬文仲瀛海授駐藏大臣遺缺

十二日晴 見客三班少東仲瀛均謝委奉到十一日8寄諭一道飭查參案官職較大情節較繁究委查頗難其人

十三日晴 見客兩班閱電抄勉林升長蘆運使舊雨重來不勝

欣慰燈下作梓泉信

十四日晴 見客三班 鏡夫兩次稟商事件 奉到十三日8寄諭一道 有人奏州縣苛斂虐民飭即查禁

十五日晴 先光祿諱日忽忽三十八年矣 謝客一日 接上海招商局電 傅相於本日乘法國公司船放洋

十六日晴 見客兩班 雲楣少東先後商件 應世兄德明號正伯 赴京供職過津来京見 敏齋之長子也 美領事李雅谷 帶同公司商人柏士来見 意在招攬鐵路 奉到十五日8寄諭一道 漠河參案

十七日晴 見客兩班 伊臣来談 閱邸抄文廷式革職永不敘用 楊崇伊原奏8諭旨與内監往来雖無實據事出有因且每次召見時語

多狂妄可以知其所由来矣文鏡芸閣江西人乙丑一甲二名進士聞其
才華絶世惜無福以載之耳
十八日晴 見客兩班一起吴瑞生 亦青外豐臬部文到少東接關道篆
仲瀛接津道篆午後出門道喜並看舫仙病近患傷寒甚劇
昨今始有轉機也拜發四摺六片由驛四百里○虎字營遣撤事
竣並遵○旨查明覆奏摺○孫顯寅飭赴河北鎮本任片○武
毅軍建造學堂動用工價片○南洋兵輪調防旅順月需薪
餉請○飭部撥款摺○委署津海關道等篆務片○萬培因
飭赴大順廣道新任片○陳湜所部湘軍步隊月支薪餉請
立案摺○又咨片一件○武備學堂兩屆期滿照章請奨摺

○又洋教習等請賞給寶星片

十九日晴 見客兩班兩起一朱季雲委赴容雲查案一王贊廉飛鵝由清江轉運局來 劉丹庭觀察啓彤去年五月奉諱回籍以墨絰從事勸之堅不肯出仍以入幕相助始允諾本日到津得始訂期移楄丹庭品學俱好熟悉情形得来佐理大可分勞矣

二十日晴 見客一班即赴營竹林蒼美領事李雅名午正歸 接陳棠煌電虎字營散勇由輪船搭送岳州十二日十六巳一律遣撤安靜無事此事至此始放心甚矣撤營之不易也

二十一日晴 見客三班兩起一朱季雲辭赴容雲一傅懋元商鑄錢事 季士周自省抵津將晉京陛見久談 鎔孫明早進京以部當差屬其偕行

二十二日晴 見客四班一起士周 奥國公使比田布禄古由津到京来晤明日
即行言明不答拜 清明祀 先陳定甫回嘉定吳焜侯留署
本日鎔孫大早即行 坐一號長龍仙航帶
二十三日晴 見客兩班 福州將軍裕壽師8陛見出京匯薩寶寶
碼頭恭請〇〇聖安旋彼此往還述都门近狀甚悉相對欷歔杞
人之憂何極
二十四日晴 見客三班兩起一士周辭行晉京一丹廷約二十八日移榻 莊志伊自湖北
来鎔孫来電於本日申初平安到京拜𢾾正摺四件夹片二件揭
專差〇北洋試造洋元添購機器議定價值請8飭部立案〇
原額續增剝船現有滿料請飭江西兩湖分造五百隻解直補

額摺。東征轉運局及前敵防剿各軍遺失糧餉懇免追繳摺

。清苑縣民人張萬萌因瘋毆傷伊父身死按律定擬摺。呂增

祥等年滿甄別片。戶部駁查津勝軍報銷據洛西復奏片

二十五日晴 見客三班一起 東少 任筱園河帥 請徐孟翔 孫慕韓兩觀

察來求親老年得小兒女結親頗不易筱園有幼子兩歲余之幼女

三歲彼此本係舊交又蘇淞昆鄰 往來亦便此恰好姻緣也允之

二十六日晴 見客兩班一起 張燕謀 范久也自營口回津來見高也寄

應飭整掌等件 本日十六日有奏事太監冠聯才條陳十事奏

。。旨即行正法究不知所言何事也前日聞之裕壽帥云

二十七日晴 見客一班二起一 孫子揚 顯寅 一韓鏡夫 赴婁徐兩書房商公

事德國領事司艮德辭行請假回國

二十八日晴　見客兩班三起　一胡雲楣　一毛實君　一劉丹廷　進署　拜發四摺三片由驛三百里○恭報永定河凌汛安瀾摺○遵旨查明知縣被參各款據實覆奏摺　新樂縣孫德成○酌定鐵路免票限制請立案片○鹽大使袁汝超等請准建坊片○都司王起雲等請留直補用片○參將迴避原籍揀員對調摺○正月分兩雪糧價摺　未刻出門奠黄花農太夫人

二十九日晴　見客三班　新授廣東糧道延錫之祉　湖南辰州府斌翰臣儒　雲南遺缺府奎銳峯華　同見　申刻洪為花農太夫人題主　亦青仲瀛襄題　祝詞曰宗子主器祀事孔明以妥以侑繼繩繩仲瀛所擬也

三十日陰　見客一班兩起　一唐翁述　一張藹徽　巳刻乘快馬船赴紫竹林

送德領事司艮德行適巴蘭德由京回國書来告別渠在
京大病後足疾未痊念係舊識亦往送之頗知感悫也昨接
總稅務司赫德申呈津關稅司德璀琳開缺以安格聯暫署
德在津最久合肥深中其毒離開此地可省無數糾纏亦幸事
也孟孚自京回津談近事甚悉月初因會典館務到京
三月朔日晴 見客三班 新選湖北鹽道郭蘭蓀承舉来見子美
之次子年甫三十一歲人頗敏給
初二日晴 見客三班 趙一外查工回 張子遇閩一請咨 洪翰香一 林貽書開謩甲午庶常丁憂持讞臣
子修接趙展帥電蘇州開埠事粗有成議公度將赴滬亦
書来
有電来

初三日晴 見客兩班 雲楣来晤

初四日晴 見客三班三起 一俞澄甫昌宇謝署運使 一翁述堂赴滬出東局購料差 一劉抑齋 比國新設領事官標爾来見

初五日雨 見客一班黃植庭中丞陛見出京在薩賓碼頭茶請

聖安植庭旋来辭行久談而别英國寶領事偕新任公使

竇納樂来晤正殿盼澤得雨可喜

初六日霽 坐快馬至英公使竇納樂比領事標爾並送植庭行午後

見客二起 一郭蘭蓀辭行 一朱季雲密雲查案回 李都司洪斌到津上年奏調

初七日晴 見客三班四起李亦青 一俞澄甫接卸運司篆務 一汪蕭一九 吳贊臣交卸大名道 一洪朗齋思亮新授杭州遺缺府 一范子蔭德鎔起服進京 年彌呈旅順大連

灣砲台圖說

初八日晴 見客兩班 彭授山東運河道羅維郁田錦文来見 曾任大名道五年

克馳馬呈克魯卜礮礮圖並說言之極詳 奉到初七日8寄諭

一道 高陽挖堤案 沈炯甫赴汴

初九日晴 見客三班 城内外答拜 彭任德國領事樊德禮来見

言十數年前曾任此年半也

初十日晴 見客四班兩起 一朱季雲 一吴贊臣 江蘇海運知府林質侯文炳

六峯毓華知縣江小梅錫珪 浙江知府許蘭友星齋 其同見年獨呈

大連灣礮台圖說 慕韓夜談 明日赴山海關查道

十一日陰 見客一班三起 一張小溥自旅順来 一姚仲庚申 一乃郎持信来覓事 錫蓮槎 一吴平甫克泰

美領事李雅各来見以四川教案餘波托菇圍 拜發正摺夾片各三件專差
○遵○旨查明覆奏摺易州参案○委署長蘆運司片○上年被水災
區冬春賑撫動撥地粮銀数摺○北洋裁遣新舊各營截清正
餉起止日期摺○現留淮軍勢難再減請加撥餉需片○東
海關第一百四十一結期滿奏報摺
十二日晴 見客三班兩起 一汪伯敬玉年 子養之胞姪現處
江蘇粮道錢穀館人深穩有度 一周大受少鶴 之子以從九
分發江西光景甚窘以三十金壯其行 致總署夔字十號信論美領事李雅各辦理四川教案事
十三日晴 見客兩班兩起 一張子遇 一朱季雲 奉到十二日○○寄諭一道盧漢鐵路
官督商辦○特派會同張之洞辦理
十四日晴 見客四班 日本領事鄭永昌 德商泰来洋行施懷德先後

見天津王令報栗大王到津供奉大王廟

十五日晴 午前赴紫竹林答德領事樊德禮 順侯雲楣談盧漢鐵路事下午誠卿穀卿商蘇免莊工程是日巳刻赴大王廟行禮瞻仰栗大王法身長約尺許细如筆桿通身栗色目光炯炯昂首相向具有神異弍言額上有紅頂狀則以短視未及辨也

十六日晴 見客三班兩起一蔡仲岐希邠進京引見一張蘭徵呈文代清摺由德州行道來此久談

李雅谷來見川案未了勸其進京一行

十七日晴 見客五班兩起一容純甫閎遵電進京一陳玘泰槿初三綠前美國參贊何天爵來見送自著書一冊竟日見客憊不可言

十八日晴 見客兩班雲楣來晤周少逸見十二日漠河來電由海蘭泡寄

不下三千言分作八電件述整頓布置情形壁壘一新具見苦心

經畫內有多件請示遵行即日併復之簡而又簡已二百字矣

十九日晴　見客三班兩起一浙江糧道鄭芝岩嵩齡押運赴通一傅懋元慕韓謹齋來

久坐　閱遞路電合肥已平安到俄

二十日晴　見客一班慰文農元由廣東糧台道外臬到京陛見

過此來晤近日微覺眩暈請鏡夫診之云小有風邪雖甚

輕微卻宜速治以杜其漸用六君子湯加袪風之品即服其方

二十一日晴　答浙江糧道鄭芝岩本省大公祖禮不可失也順拜江浙兩司

海運委員眩暈稍減勉強出門是日未見客稍資養息仍服

鏡夫原方

二十二日晴 見客一班三起 一朱季雲赴通州收工 一王少卿 一樊銘舫江蘇海運 鏡夫復診脏暈尚未全瘳也 拜發四摺三片專差 ○ 遵旨查明復奏摺密雲案 ○ 山海關一年期滿摺 ○ 山海關一百三十六結洋稅摺 ○ 山海關加增盈餘撥解内務府經費片 ○ 山海關一百三十六結洋藥釐捐片 ○ 行唐縣民張存仔謀勒親母身死按律定擬摺 ○ 已革知縣陳澤醴虧空定查抄片 致合肥電十八字 平安順抵俄朝野欣慰地方敉静瀛眷平安勿念

二十三日晴 見客兩班一起 一鄭芝岩浙江粮道 江浙漕船因海河水淺沙停節節阻滯距水次三四十里五六十里不等江派小輪船四隻分赴兩局幫同拖帶以期利運亦地主之職也 接總署二十二日信因以俄使

以俄主意荐丹國水師守備林得俾兒屬為位置

二十四日晴　見客兩班一起毛寔君　鏡夫來復診　手擬附片奏稿　留毛慶蕃

二十五日晴　見客兩班士周。。陛見出京談都門近事頗悉

二十六日晴　見客兩班兩起一毛寶君辭行　一士周謝赴任飭知　又洋人三起一丁家立克慎士謝十字會寶星　一李雅各言川案將了道謝　一俄水師提督阿來喜進京　琿春副都統恩承之祥陛見出京將航海回任托覓便船　總署先有電來

國此為發電問李勉林劉雲樽世兄鷄來見子懋之子亦盧漢鐵路四商之一也

二十七日雨晴　見客兩班兩起一王菀生　一鍾筱舫培口北道　香帥有電商鐵路事並會同發營辦處電

二十八日晴　見客兩班昨今傳驗頴辦鐵路華商劉鵜及呂慶麟得其大概各飭赴郛侯香帥察看專差拜發四摺五片〇遵〇〇旨查明牛莊營口税釐情形並妥籌整頓摺〇懇〇恩准留户部員外郎毛慶蕃以資助理摺〇山海關一百三十三結至一百三十六結洋税收支數目摺〇又洋藥釐捐片〇臬司季邦楨〇〇陛見回省飭赴本任片〇候補道吴安振恪徐傑年滿甄別片〇洪恩廣保案聲明片〇遵〇旨接造成都至打箭爐電綫片〇二月分雨水粮價摺

二十九日晴　見客兩班雲楣來久談日本領事藤叫毛叉鄭永昌来見接總署二十八日信兩件　一安置電　一英員看旅　一報學生　一順砲台

三十日晴 赴紫竹林答恩承之副都護並為料理搭船航海晤談有頃本日未見客藉以稍理案頭積件 大王廟住持報朱大王到

四月朔日晴 見客三班俞君寶鍾穎新授荊宜施道來晤久談汲總署二十二二十八日來信 大王廟住持報張大王栗大王到

初二日晴 見客三班詣大王廟行香銘鼎臣同年安就醫來津承頤久談其世兄那晉將以試用道分發直隸五月間到省不久即來姑就養也 鈺孫自京回津

初三日晴 見客三班一趙齋劉柳 奉到初二日寄諭一道查拿逃犯 美領事李雅各同鐵路商人柏士來見署稅務司安格聯商疏河事

初四日晴 見客兩班一起陳鶴雲 色爾同伏爾鏗鑑廠商人麥岐邁來見

初五日晴 見客三班 澄妹自故鄉來述故鄉事甚悉 近日自省外來者均言本年麥秋大約再得四十日雨暘不忒汎濫以時便可一律有收矣 直屬多一水一麥地 歲事〻豐歉麥收實為大宗 寅盼〻餘 益深兢惕

初六日晴 見客四班 奠沈磨平 詢知尚有八旬老母 殊可憫也 頒閣〻子楨祥以直隸州分發到省

初七日晴 見客兩班三起 一臣王楓 一林國祥總署電調赴京 一周南屏家閎翰夢蓮子 電抄吉林長將軍順告病開缺 8旨延茂署理 着同兒訂姻錢

氏即賓岩之三女倩味荃畢棻作伐擇於本月二十日文定景
萊適欲回嘉派戈什周鳴岐賫送聘禮隨同前往亥夜刻上船
夙明日黄道上吉也接子穀信四孫女於二月廿七日生第二子
初八日晴 見客兩班雲楣来晤英國前水師提督敦樂伯武員賁達
副領事孫穐雅来見頎臣眉五又民竹林到津陳舫仙方伯病
故津寓日久拖延竟以不起所部湘軍二十營尚扎紮山海關此事頗費
料理也沈師母挈適朱世株回京過津接至署中下榻
初九日晴 見客三班兩起一聶功亭一陳仲英送沈師母来 由驛四百里拜發四摺
三片○陳湜在防因病出缺所遺江西藩司請旨簡放摺○遵又密片一件
旨查明清河道潘駿穐被參各款據實覆陳摺○直隸光緒

二十一年下半年已未结交代款數摺。東海關一百三十七结並二百四十结洋稅收支數目摺。撤委兩司代勘秋審片。天津道經徵海稅請准展限半年儘征儘解片。

初十日晴 見客三班 新授東海關道錫潤生桐到津久談 又洋人兩起 一年彌一 法領事杜士蘭 鎬生夫人同藝甫夫人來夜談家常 藝甫之子名福鎏號夔如人頗篤厚亦復可喜

十一日晴 下午微雨 見客五班一起 功亭辭回蘆台 閱電抄翁小山堂升江西藩司

昨接惠夫信 二月十二日大孫女又得一子 乳名添官 次孫滿月 乃祖即真喜氣盈門 馳電賀之

十二日雨 見客兩班 奉到十一日8寄諭兩道 一初九日寄片照請 一參案飭查

十三日霽　見客兩班　錫潤生辭赴任　毓兒於昨日自杭起程今午到滬　任筱園河帥書來求親為伊幼子全慶聘二姐復函允之徐孟翔觀察作伐

十四日晴　本日為俄主加冕之辰　署領事格羅思設席相招　午初赴之官場惟余及雲楣少東暨蔡李兩繙譯　各國領事均在座中外共二十一人　未正二刻散歸　途奠舫仙同僚咸集　眉五來夜談

十五日晴　見客三班兩起　一陳復心編脩　一劉燮庭進文嘉定諸洛　兆葵雋臣子京引見

伯子桓姪程朗卿子芸史來見　甲午十月初一日　皇太后萬壽例賞福壽字兩方二鑲如意一柄蟒袍料一件大卷八絲緞綢兩疋由摺差帶回雲南蕊交貢差游擊崔廷樑賫送前來敬謹祇領恭紀

十六日晴　見客三班二起　一雲楣　一少東　一姚子梁自上海來　奉到十五日

8寄諭一道太監獲罪發遣如有脫逃 子敦文接沈師母至
府署小住亦青8陞見出京談都门近狀
十七日晴 見客兩班兩起一翰林萬本端 一翰林林開章 萬、藕舲子、林錫三子、
慕韓商官錢鋪事
十八日晴 見客一班英國前水師提督戴樂伯偕費達來見將赴
旅大等處看礮台總署亦有信知照也申初赴浙江會館公
餞雲楣及亦青作竟日敘
十九日晴 見客兩班三起一袁慰庭自京回 一李亦青 一陳英 仲周南屏挈其
次子傅誠號正卿來見係在鐵路總工程司金達處辦事者
二十日晴 見客三班四起一張蔄三徽 一錢省 一張戟门自京引00見回 一唐伯周康

正卿偕金達来見專差拜發正摺四件夹片六件○各直省將軍

督撫司道籌賑出力請交部優叙摺○漢河金廠周冕報効軍

餉銀二十萬兩片○南皮縣紳士張〻萬張〻洞捐助書院經費

請建坊片○永定河二十年辦工動用賑款請開单報銷摺○提

督聶士成等軍出口買馬請給免票片○機器局購買機器

請立案片○東海關一百四十二結洋稅收支摺○部選都司吳振

清年力就衰請開缺片（摺）○游擊守備黑得魁年力尚健查明聲復片

守備徐平川請開去底缺歸總將（兵）補用片

二十一日晴　見客兩班兩起一雲楣辭行晉京赴府尹任一張燕謀自京回接京電燮仲華

大司馬將赴津大約是看新建陸軍前日慰庭曾言及也

二十二日晴 午前赴紫竹林送雲楣行并晤慕韓久坐歸途答

客奉二十一日○○寄諭一道飭拿三姓官兵爭鬥案內要犯程夔如母子暨鎬

生夫人乘新裕回南接毓兒電二十三日早乘海晏由滬開行

二十三日晴 雲楣進京在吳楚公所寄請○○聖安回署見客兩班

兩起一姚子梁辭進京一徐璵齋慶璋新授甘肅慶陽府守閱電抄崑
遼陽州卓〻有聲績亦傑出之才也

筱峯大拜榮仲華得協辦

二十四日晴 見客兩班接仲華來函言奉○○命赴津查辦新

建陸軍營務並奉○○旨簡閱直隸提督聶士成營伍定於

二十五日出京等因當即知照功廷妥為預備並飭府縣收拾

行館以便駐節

二十五日晴（申刻雷雨）見客四班亦青辭行赴黔臬任毓兒將到派船赴大沽迎
侯又星使將臨公私紛襍殊無暇晷
二十六日晴 見客四班兩起一庭聶功一鄭芝岑辭赴通州交米 酉刻毓兒到署
外孫榴官 外孫女啓官外孫女婿周昂生 偕来即郴甫之子金
伯護送裕亭同行僕從行李一時雜遝倍增熱鬧夜與毓兒談家
常自己丑十月長沙別後至此蓋六年逾半矣
二十七日晴 榮仲華星使到津午初在　玉皇廟恭請　聖安
旋至吳楚公所晤談一切回署見現任司道一班 同兒於本月二
十日定親本日接回禮帖壽郴孫聘陸荃孫女芊仲長女亦於本
日換帖在署戚友咸賀早晚設席酌之早麪席七桌晚正席

交臬專差拜發正摺四件　夾片三件○直隸制錢奇絀現擬就機器局開鑪鼓鑄摺○道員張雲路等四員請留直差委補用片○知縣賀慶年滿甄別片○重修宣化府護城石壩工竣出力員紳請獎摺○請賞宣化府龍王廟匾額片○津海關第一百四十二結期滿奏報摺○三月分雨水糧價摺

二十八日晴　見客三班毛實君部郎遵調抵津久談英國寶領事來見論及展拓租界事夜與紀兒談家常不覺東方之既白○星使之來係袁慰庭傳懋元均有被劾之事本日已次第行查矣

二十九日晴　見客兩班兩起一魁文農○○一郭少蘭以截取陛見出京知府分發湖北夜與

亭金伯談家事來已四日至此始得一談思之亦復可笑

五月朔日晴 見客三班 閱電抄奏留差委補用摺本日奉 明發○○

俞旨 甄甫悦喬均留補 星使赴小站 武仲平勤來 廣東試用道盧漢鐵路案內方
味荃調北洋差委 培老一般所公舉也

初二日晴 見客兩班 郭少蘭辭赴湖北 錢伊甫志澄以江蘇候補道明

保送部過津來見 星使自小站回 咨復袁道參案

初三日午前晴後雨 見客兩班 咨復傅道參案本擬定明早偕星使閱

視機器局至晚雨甚大道路泥濘一切不便須另行定期矣夜

雨達旦

初四日陰 見客兩班一起 周心農繼仁益陽周曉丹炳勳次子 仲華
以廣西知府進京引見 曉丹有信

約明日赴機器局

端午節 晴 陪同榮仲華協揆閱看機器局並至水師學堂調閱體操算學卯初往酉正歸 幸在局午膳後小憩三刻許尚不甚覺累惟節務應酬則一切未能顧及矣。

初六日晴 下午陣雨 見客兩班兩起 一方孝傑號長孺總署章京刑部主事盧漢鐵路案内方培垚一股之出借官 一孫仲瑜自滬来 署清河道魏鵬秋杰自省城到津

初七日晴 見客三班三起 一新授瓊州府鹿遂齋學良定興人由刑部郎中外放 一子俊 一誠卿

接總署初六日信 延林得俾兒充水師學堂教習

初八日晴 見客三班拜發正摺夾片各四件。遵旨查明知縣被參各款摺前署高陽姚恩綬。特參捕務廢弛之營員革職不准留營摺。參革世職郎光烈片。長蘆正課奏銷援案緩至十月

啓徵摺○修築北運河紅廟一帶工程報銷摺○宫煜虧項完
清請將勒追之案註銷片○廓爾喀貢使到省照例筵宴片
○奏調北洋差遣之戶部員外郎毛慶蕃陳請應否迴避奏明立
案片　星使赴盧台閱兵
初九日晴　見客兩起一班　一李少東　一晏誠卿　星使由盧台回津恭閱本
日電抄　懿旨皇帝本生母妣薨逝定稱號曰皇帝本生妣
派崑岡懷塔布文琳英年辦理喪事○本日丑正三刻第三妾
生自發動至分娩纔四刻許命之曰艾綬八字丙申申午癸卯癸丑
嬰兒茁壯產母平安亦復可喜
初十日晴　仲華辭行午後往送均暢談陸程有阻水處須由

水路赴通也功庭来晤久坐送練軍圖說十冊陣圖一冊
亦煞費苦心矣
十一日晴　星使回京卯正赴寶昌碼頭寄請8聖安張子虞請假回籍
省親過此暢談法領事杜士蘭偕吉禮豐来見吉欲看旅順船塢
言從前係其經辦也
十二日晴　見客五班方培垚〻商彤侯承裕方霈咸来見並遞呈五
願仿鹽務驗資〻法繳銀三百萬兩存庫當屬其前赴湖北
聽候香帥傳驗
十三日晴　見客兩班兩起一張子虞辞回杭州一衛鵬秋辞回保定　沈師母回京派家
人張福預備水陸行程午〻初上船送行姊均請假護送

十四日晴 見客兩班兩起一武仲平勤稟辭回汴即赴鄂一傅懋元錢廿卿進京過此暢談

十五日晴 見客三班一起李筱侯屏慶曾自寶慶來奉十四日○寄諭一道飭考察新建陸軍即與榮協揆查案之一 與裕亭金伯夜談

十六日晴 見客三班美領事李雅谷帶同礦司唐美生來見味荃夜談以禮耕錢氏三硯拓本題跋見詒三硯者未央豐宮兩瓦當及外舅紅稻老農端硯小畫像也古澤如新彌復可寶

十七日晴 見客三班贊臣慕韓商件河間縣董家一房以下新築近堤工程周折多端不能收束委主副將得勝馳往會同王穀卿仁寶梅如筠東益營飭辦理大汛將臨勢不能再事遷延也本日閣抄刑部奏提審御史奏參山東逃犯邢二一案全不相符查風憲官

此條向所未知

彈事不實律應以誣告論如何懲處請旨奉上諭敬祐

着即行革職並嚴加申儆此後科道風聞言事庶幾稍就範圍乎

十八日午戌兩時均大陣雨 見客兩班一起蔡述堂 英繙譯少東兩次見以官電局事

勃谿也輝遠自蕪湖差次来到已多日夜飯後始得一談頗

暢適孫仲瑜辭回上海

十九日晴 見客一班一起余澄甫 昨日兩次大雨如注通州潮白河工程正

緊深不放心電詢張筱傳渡稱幸即天晴新舊各工皆無恙

始慰馳系夜雨

二十日晴 見客三班姚松甫自杭来將進京過班英領事寶士德偕

船主阿士以敢来見專差拜發四摺三片遵旨查明道員被

參各款據實覆奏摺○厝義容請補密雲縣要缺摺○辦理
子牙河堤工情形片○新選知縣魏祖德留省學習片○天津道
徵收海稅一年期滿摺○副將施玉章請歸浙江撫標補用片
○光緒二十一年地丁旗產錢粮已未完分數員名摺、
二十一日晴 見客兩班兩起一生王菀一彬甫海運差錢辭行 接總署本日電問
方孝傑來津謁見何事立時據實覆之及見邸抄乃本日
給御史楊崇伊參奏奉旨先撤去章京著該衙門堂官查
明參奏也易曰君子思不出其位旨哉言乎
二十二日晴 見客兩班與金伯夜談家事亥子間陣雨甚大
二十三日陰 午前又大陣雨見客三班孟學因夫人病叙促乘海

晏南歸 閱電抄方孝傑之部嚴議

二十四日霽 本日為西歷七月初四日係美國立為自主之吉日 李領事稚谷暨兵船主萊與格均函請赴船茶敘並看各種雜耍未刻率兒孫輩乘慈航前往作竟日游見所未見頗擴眼界歸途溜急甚至七刻餘亦向所未有也夜雨達旦心殊惴惴轉側不能成寐

二十五日晴 見客三班兩起一少一賓東一君子蕃 接總署二十四日信 機器製造貨物酌定稅則華洋一律 夜與裕亭金伯話別久不作茗箋信至此抽四五晚丑刻工夫始寄一函

二十六日晴 見客三班一起 宋育仁號芸子奉8旨回四川原籍辦理礦務 裕亭金伯子蕃

乘新豐船回滬
二十七日晴　見客三班　李雅名来　興裕率兵官等来謝　步墓韓夜
設暢晴三日氣象爲之一紓
二十八日晴　見客三班　俄領事德密特自漢口回津来見　沈李賢齋獻
自湖南羅官来津一晤匆匆旋返　彌覺可矜　專差拜發正摺四件
夾片三件　○藩司王廉呈請撫情代奏摺　○田尚霖請補都司摺
○親軍營派員出口買馬片　○調補臨榆縣張彥第請免交捐復
銀兩片　○十八九年順直辦賑出力官紳請獎摺　○勞辦賑務司
道請優獎片　○四月分雨水粮價摺
二十九日晴　見客三班　接杭電知茗笙之長婿應氏生子是爲茗笙

〻孫佛姻時即有成約也雖屬外姓尚是自家骨肉慰情聊勝

於無舉家為〻抃慰

三十日晴　見客兩班一起　新授廣西臬司桂履真中行　陛見出京　聞李蘭翁猝患中

風病勢頗惡馳書問〻

六月初一日晴　見客兩班一起　綱總商人姚解泉學源李蘭翁之親戚將赴京看蘭翁託其帶信因來一見

奉到三十日〇〇寄諭一道　奉天催餉直隸只光緒十一年欠解旗租銀七十四兩二錢

初二日陰　見客一班兩起一撤　張蘭一永平守重勝延甫到津〇介挺谷進省回

以湘臬幕任驕事被右銘以請託入奏有　旨交部議處介挺急欲

自明呈請據情代奏以其情詞迫切當時未能阻止於前月二十八日代

陳本日奉　嚴旨立蘆即行革職　詔亦以不合察議事後追悲固

由一時識力未到亦因爲避怨起見恐不爲代奏而部議降革將以爲不肯援手也致成此禍在我得此薄責正可借以自警而介挺已矣甚矣處事之不可不慎也又介挺原稿尚有出乎情理之外及失之過刻有傷國家元氣等語初未經意及封發後時已四鼓楨兒謂余此事總不放心之數語尤爲不安余思之良是因令將摺匣追回時方黎明差弁未發因爲删節重繕上午乃發及今思之若非去此數語更不知若何責備也吁亦險矣哉又此事丹庭孟翔均以爲不便代陳謂宜電知樞廷以備酌核余以爲樞廷不宜通私電故仍爲代奏而不加一語似此情形使當時果發樞電則禍更有不可測者矣附誌之以資鑒戒

初三日陰微雨 見客兩班信義洋行代辦包爾偕買辦吳樾來

見攬船塢鑄砲機器吳蕙吟曾有信提及也閱電抄直隸布政使叙員鳳林俞廉三升晉藩桂中行調湘臬蔡希邠升桂臬皆就熟也

初四日晴 見客三班羅星潭應毓自奉天回川来見言經依堯帥奏保回籍辦理礦務

初五日陰大陣雨 見客三班日本鄭領事永昌偕水師官来見德國樊領事德禮来論租界事日晏誠卿王穀卿同見商各處防汛事

宵延甫夜談

初六日雲霧仍時有沈陰 見客兩班委士周署藩篆勉林署臬篆已於初三日交卸登萊青道事不日到津 接右銘五月十六等日手書計兩函一十八紙歷述地方及辦理情形雷霆走精銳冰雪淨聰明二語足以方斯氣象

一時傑出洵不愧也書中論及吏治有云訪求疾苦實所痛心不
惜以身為怨府猶憶鄙人不肯極其所往之言多從末減否則
此輩直當置之黑暗地獄中使永世不見天日非具有一片真誠
烏能語此誌之以見其骨幹云

初七日晴　見客兩班英國前水師提督斐樂伯偕費達來見延甫
夜談

初八日晴　見客三班兩起一裘訓臣祖詒由楚一張叙輝星炳新授
雄守丁内艱回籍　福州遺缺知府庚
林辰翰拜發四摺四片專差○江西布政使陳湜在防病故懇○○
恩從優賜卹摺○海運剝船又敷請將上年海嘯擊沈船隻並
數補造摺○光緒二十一年徵完下忙錢粮摺○湯紀尚等保案查

明申覆請仍照原保給獎片○二十二年二麥收成分數片○委署藩臬兩司篆務片○衛杰委署清河道篆片○湖南等省勸辦賑捐出力員紳請獎摺

初九日晴 見客兩班一趙鏡夫 三女滿月寅僚見貺一概辭謝孟翔慕韓同來訂任氏納采日期本月十五日 接厚齋初八信敬悉察議一案初七日吏部奏上議以降三級調用係私罪毋庸查級議抵蒙恩改為降三級留任不准抵銷高厚天恩感悚何極經此懲處又增一番閱歷矣

初十日晴 見客三班初六入伏後天氣漸次炎熱然較之江浙地方猶相去甚遠也

十一日晴　見客兩班一起李勉林卸東海陶道篆抵津法領事杜士蘭偕其國水師提督博茂暨隨員四人來見博將進京亦即回拜並東商德租界事久談酉刻陣雨

十二日晴　見客兩班一起劉萼庭思訓倪萊衫世熙均以道員分發江蘇引○○見出京萊衫乃劉岑之子

專差拜發四摺兩片○遵○○旨玉田縣差徭分別酌減以蘇民困摺○褚成昌請留北河差遣免其赴部投供片○派員赴烏里雅蘇台接防由張家口台站供應前進片○已故臬司朱靖旬政績卓著懇宣付史館立傳摺○已革署三河縣知縣陳澤醴諱飾逆倫重案請○○旨拏問摺○光緒十九年直屬辦理災賑堤工用單報銷摺　戌正地微震有聲

十三日陰雨 見客三班一起 張蘭徵造磁機器商購 致總署信 抄寄唐紹儀 稟報朝
鮮近日情形 稅務司安格聯來見 夜雨達旦 心殊懸系
十四日晴 見客兩班一起 勉林辭赴有久談 午後進城送勉林行 接奉部
文 此次處分係以不應重私罪降二級調用例核議
十五日晴 二女締姻 親友咸賀 大媒設兩席 餘設麵碟六席 天氣炎
蒸 為去年所未有 自己丑在湘度暑後 久不經此炎熱矣
十六日晴 見客一班一起 前粵海關監督聯書泉捷自粵回京 俄領事德密特 井上
海總領事來辭行 領事中之最和平者 去此可惜也 酷熱更
甚於昨 汗不停流 回想九龍池畔 五華山頭 不啻清涼世界矣
十七日午前陰後霽 乘總航至紫竹林送德領事行 順道答聯書泉

奉到十六日○○寄諭一道 催東北邊防經費此間祇津海關舊欠十萬兩已奏准緩解

十八日晴夜雷雨 見客兩班一起辭回京 聯書泉專差拜發四摺四片○降三級留任謝恩摺○請補清河道員缺摺○淮餉來源日絀請飭部籌撥的款摺○東海關一百四十三級洋稅收支數目摺○歷年報解鑾儀衛地租情形片○曾兆錕等年滿甄別片○天津設立通惠官銀錢號片○津勝軍報銷部〔條內〕駁款項遵照追繳片

十九日晴 見客兩班一起商件 毛實君杭州宗文同善兩義塾按月捐助錢五十千行之十餘年矣茲總捐洋八千四百元歸入公款發典生息冀垂久遠蘇子熙軍以電來述辦理鐵路事甚詳子熙疎財仗義聞其私累甚重恐鉅款在手益復不知節制復電規戒之冀其克保令名也

二十日陰 傍晚微雨 見客三班 朱丞衢自嘉定来 日来各河伏汛盛漲 深盼暢晴 而天氣炎蒸 沉陰未散 恐有大雨 焦慮良深

二十一日霽 見客兩班 亥刻接河防局電報 本日自辰至午 永定河長水九尺五寸 盧溝橋減壩過水三尺五寸 現存底水二丈二尺五寸 已飛飭各汛加緊嚴防等因 似此情形 恐下游必有漫决之處 可慮之至 本日鬱蒸逾甚 與南省三伏無異 較之十四五兩日又不啻倍之矣 傅懋元參案部議降三級調用 宦海風波真不測哉

二十二日晴 燈後大陣雨 見客兩班三起 一浙江糧道鄭芝岩辞回省 一曹蓋臣 一薛次申華培 覲唐中丞子 辦淮軍駐鄂轉運局者十年 甲午以道員指分湖北 右銘書来極稱其才 蒸熱如昨 晚戌刻又大雷雨 正當伏汛喫緊之時 杞人之憂倍深 惴惴 接李蘭翁復書 姚斛泉

帶回言病象均減尚未能如常仍須續假也

二十三日晴 見客一班兩起 一高仲瀛謝提補清和道 一汪蘭生卸正定府篆回津 昨雷雨達旦徹夜不休成霖幸水長不甚驟午後天氣亦放晴能十日不雨庶伏汛可期捱過矣險極險極

二十四日晴 見客三班 河防局今早來電北中汛水漫堤頂全河盛漲在在可危恐不能無事矣急電詢之並囑儘力搶護接湯少谷電仲堅猝於二十一日病故租棧接手乏人殊為焦慮適全伯在滬電令星速赴嘉料理周品如虧空事先行清理一番徐商善後之策本月分公私駁雜層見迭出絡繹而來殆亦所謂年災月晦歟

二十五日晴微陰 夾衣第一日 見客三班一起薛次申 河防局電報北中七號漫溢成

口勢難搶救等因此奏案也查核情形尚似不甚重應候稟報
到日再行核辦本年秋審新事入情實者三十二名
二十六日晴微雨二次寅正詣萬壽宮行禮午後誠卿縠卿同來告
知永定河北中七號決口情形甚重正河斷流河防局亦有電並係二十
三日亥刻事即邀丹庭共商辦法先發電總署述知大概
以尚未據河道詳報並值花衣期內是以尚未入奏並電致胡雲
楣京兆擬請其就近籌辦工程候復到再奏上游失事下游汛防
漸形平穩亦一定之勢也正當餉需萬緊之時河工又有事故
工賑兩端又需鉅款不知何以為計焦灼萬分美使田貝由東
洋養病回京彼此差帖往來李領事借船拖帶以仙舫應之

博茂旋差人持名片通知云前名係繙譯錯誤特更正日德博孟

二十七日晴 見客一班四起 一吴贊臣 一徐仲可 一汪簫九 徐耕鄰 具華率其子伯尊銘爵自常熟来老世交也署中無隙舍可容深以為歉 午後客来雜遝炎暑着花衣酬應良苦

二十八日晴 〇萬壽正日免衙門 赴紫竹林答法國水師提督博茂順道拜客 約定趙穀臣人沅淳接辦仲堅所遺棧務穀臣為洽甫之堂弟侄天津官電局材料處司事將及十年人極了亮而謹飭飛千知之殺稔也 下午以送杭嘉戚友燈後絡繹辭别煩瑣不可言 永定河北七號中决口二丈六日發總署電 二十七日欽奉〇〇電旨一道飭查明速奏並趕籌堵築盡總署據電代奏也

二十九日晴 德國新任公使海靜經到津来拜 人有深心而貌極和易見

廿年閏五月十三日欽奉
電旨飭購小輪在內
河運貨以收利權原係
抵制洋輪之意華輪拖
貨係特准不得與洋
輪並論 見總署寄江
督六月儉電

容三班 一起 吳贊臣委辦 趕永定河工 鈺孫彭新裕輪船歸省令其先赴嘉定清理棧務姚松
夫陸勉齋陸頌臣同行
七月朔日雨 午未間日食是日免衙參下午冒雨乘快馬輪船赴紫
竹林答拜新任德公使海靜經叙談極接洽永定河道稟候至本
日夜子刻始到 即與丹庭商定辦法明早文彬生擬稿趕初
三日馳奏
初二日晴 見客四班一起 正薛次申辭 核定永定河漫口情形奏稿
陸乂民引見出京以通判指分湖北明日即行
初三日晴 下午雨 見客四班一起 吳贊臣辭赴工 由驛五百里拜發永定河北中北
六漫口情形分別參處並自請議處摺○派前大順廣道吳廷

斌勷辦永定河漫口工程片○又專差拜發正摺三件夾片四件○天津鈔關一年期滿摺○免征河運漕船二成貨稅片○副將張國林咨回兩江片○剥船修艙經費無著請截留海稅摺○上年協撥吉林軍火查明已還價值各項咨部更正片○英國盛京輪船在洋救護華船出力請將船主等分賞給寶星片○五月分兩水糧價摺　夜雨達旦輾轉不能成寐

初四日陰　見客一班一起　花農自廣東回津徐耕鄰喬梓來晤李筱屏自京回津連日接河防局電報水勢稍定水口當仍在北中惟附近大清子牙各河盛漲不已三汊河口一帶水已上街鐵橋黑墩業已漫過情形岌岌亟盼暢晴○閱過路電蘇杭通商定於

八月二十日開幽 鈺孫来電指本日午刻平安抵滬金伯已自嘉
定清查棧務回即電飭鈺孫毋庸再去
初五日陰 見客三班一起左子異山海關遣撤湘軍回 酉刻奉到初四日8批摺
係初三日由驛五百里拜發正摺另有旨、閱電抄、附片著照所 照摺
請吏部知道河水本日稍定惟沈陰不開天氣躁熱深恐再有
大雨便真不得巳了矣奉職無狀上干天和循省愆尤悚惶曷
巳方鎮友廾所部廾字三營於本日分坐圖南豐順遞送岳州
舫仙所統湘軍二十營至此始遣撤竣事兩月經營只落得
平安無事耳
初六日晴 見客兩班令 楨兒 酌耕薌喬梓暨顏子仁先春 李小屏

戴廷甫趙穀人昨日沈陰今日暢晴出於望外河水定住冉得連

晴數日可望漸退发電奏一件報永定河北中口門西裏頭

已盤築東壩正迎全溜施工頗難現計冲刷較前益寬已飭

吳廷斌速赴工次會督工員趕緊搶辦免致續塌云云緣本日

接雲楣電似渠已奏報三百數十丈故亟須補此一奏也

初七日晴　見客三班　三媳生日在署戚友設麪席　人事雜遝身心俱

困惟終日以暢晴為盼

初八日辰雨即晴　見客三班一起功亭自蘆台來　俄署領事格羅思　帶丹

國守備林得波來即總署允喀使君充北洋水師教習林得俾兇

約子俊幼陵同見即令商訂合同　味蓀慕韓先後夜談

初九日晴見客三班户部郎中昆旭初敬由京送眷来津鎮青之
子錫侯胞姪也為照料搭船一切緣錫侯在滇祇携一妾一女五月間
妾又病故署中無人照管特令其五房姪媳趕緊赴滇云何天爵
偕李雅各来見交閲遞總署條陳一件言鐵路借款等事
初十日晴見客三班徐耕鄰喬梓回南趙穀人明日回嘉接辦棧
務夜間話别
十一日晴見客三班四川候補道夏莽軒昔引見出京来見安
稅務司裕联稟甬關務由驛四百里拜發兩摺一片○順直
水災請截撥江蘇江北漕米各五萬石摺○津海關一百四十三
結期滿摺○水師學堂添募學生專習俄文片○奉到十一月

8寄諭三道一催解本年京餉一催解歷年積欠京餉一飭查參案　輓陳舫仙方伯
聯云戰功將徧滿寰區數十年飽閱升沈湛方期奮武酬
恩湛露渥九重天上文誼豈尋常傾蓋曾幾日縱談時
事詎料還師振旅大星落五丈原頭就午閣稿稍加斟酌也
十二日晴　見客三班　一趙昆旭初辭回京　少東暨誠穀兩卿均兩次見截留漕米摺
本日奉8特旨明發　燈後恭接祖先
十三日晴　奠陳舫仙方伯回署見客一班江蘇候補道沈愛蒼瑜慶
文肅公〻第四子也引8見出京來晤頗深談器局識量均好不愧
名父〻子行中元祀先禮夜與丹庭論永定河務大局德國既往
公使海靜到京後有書道謝即復〻過津時名片稱海經此次來

書改作靜總署咨到七月初三日議覆刑部左侍郎李端棻奏

後文改作請西人同充講席也

請推廣學校以勵人才一摺語多中肯風氣所趨有莫知其然而然者物窮則變苟非僨事之創鉅痛深則此風氣之開當尚在數十年以後也云耳補牢未為晚願天下有心人共勵之

十四日晴 見客五班河水盛漲時堤頭壩龍骨過水五尺昨今始漸落本日報過水三尺八寸鐵橋黑墩亦透出七八寸復胡雲楣信言鳳河東堤決口據苗令玉珂查看稟覆不特一片汪洋無處取土且永定河北中未合龍以前亦未便先堵該口致有金堤漫溢之患緣雲楣電商及此並屬派苗令往堵故據實覆之

十五日晴 中元節祀 先止衙參午前多暇藉以清理案頭積件連日炎蒸逾伏堤頭壩報過水三尺四寸

十六日晴 見客三班陳蘭卿之子 名霖號雨蒼自雲南來堤頭壩報過水二尺九寸三四日來已落二尺餘矣直屬各河冀不致有他患 鈺孫來電長媳挈二孫女及慕孫於二十日赴程來津

十七日陰微雨 見客兩班一赵錢省三論山西礦務 堤頭壩報過水二尺四寸衛南窪當可無事矣

十八日晴 見客四班呂道生本元率新派先鋒官提督鄭才盛等來謝皆盛軍舊部也鄭才盛陳萬清郭學海皆著名夙將儲之以備緩急之用 惠美舫靈櫬過津將往一奠乃姪兵部

員外郎廣润以船小力辭不果行於心終歉然也派舢板兩號送之

十九日晴 見客兩班一起王竟生起復 徐進之齋議仿差竣回江蘇堤頭壩報過水二尺三寸

二十日晴 見客三班送見西路電甘肅幽内外軍務將次肅清亦目前可喜事也堤頭壩報過水二尺一寸河防局吴張實陳四道電稟北中東西兩壩裏頭已於十五日盤築結實不致潰塌上游兩岸險工一律搶護平穩北中口内外溜分三道由東武下達津沽沿途刷出河槽漸有收束不致四溢等語當即據實電奏以慰宸廑劉峻德協戎萬勝本任順雲協現署開化鎮寄來龍涎香二兩藥籠將罄得此彌覺可珍

二十一日晴　見客兩班　鈺孫奉其母於昨日午刻自杭啓行今辰抵滬兩日均有電稟堤頭壩報過水二尺

二十二日晴　見客兩班　柳门挈眷回籍過此暢談論及前事坦然釋然其此度量當不致竟爾廢棄也　法使施阿蘭由京抵津來晤言將往海上一游亦不知其究欲何往也

二十三日晴　午前乘快馬赴紫竹林答法使施阿蘭　潘梅園交卸回籍過此一談　接鈺孫本日滬電今晚上新豐船赴津　兩日水平無長落

二十四日晴　見客一班　寶（士德）領事將赴東洋就醫來辭行　柳门來話別即留午膳並餞其行　下午少東商件久坐　拜發四摺四片

專差。揀員請補寶坻營都司摺。吳隆海等給咨送回原省
片。都司張家德留直補用片。北洋隨辦洋務人員循例請獎摺
。光緒二十一年下半年乙未結京控案件摺。交河縣接遞秋審
秋犯田鈺山中途脫逃請議處摺。朝鮮歸還借款湊撥津盧
鐵路經費片。駐防庫倫宣化馬隊副將鄧洪保病故請卹并
派員接管片

二十五日晴　見客三班兩起一新授山東糧道桂月亭春樞垣舊屬　一傅懋元商林鋼廠事
得俾兒來時俄使喀希呢有信茲聞其請假由恰克圖陸路
回國因復一函并送其行

二十六日晴　見客三班兩起一誠穀兩卿論河工　一沈李兩守拿獲私鑄大沽報新豐到口

二十七日晴　長媳蔣氏到署　鈺孫侍奉而来　二孫女暨慕孫随行　全

伯迪齋澄卅乃郎授慕孫讀現均同来　自己丑十月回杭後至此八年不見矣

是日謝客一天

二十八日晴　見客三班　格羅思挈丹國新設領事司徒麟来見　專差

拜發正摺四件　夾片四件　○順直被水展辦賑捐摺　○二十

一年至二十二年五月止順直賑捐應奬銀數片　○籌辦晉捐

出力之惲學基等改奬片　○已故山海關副都統桂祥請卹

摺　○盛軍派員出口買馬片　○籌解鑾儀衛地租銀兩片　○

宛平縣民人周三誤傷高盛得身死按律定擬摺　○六月

分雨水粮價摺

二十九日晴 見客兩班奉部文永定河漫口處分議以降一級留任
七月二十一日具奏奉　旨准其抵銷欽此
八月朔日晴見客三班一起毛寶君
初二日晴 見客兩班一起沈子敦文商件 吳贊臣等報永定河本日
開工
初三日午後大陣雨霑 微有感冒黎明畏寒發熱謝客一日請鏡夫診之言
暑感風寒甚輕服香砂六君子湯專差拜發正摺四件夾片三件
○查明廣東湖北等省勸辦賑捐出力員紳分別更正改獎摺
○勸捐出力之羅廷煦等改獎片○直隸海運官剝船戶加給工食
銀兩仍請照案核給片○光緒十九二十兩年北洋海軍經費收

支各款開单報銷摺○光緒十九二十兩年北洋海軍鎮遠等八船支用經費開单報銷摺○司監盜犯王三等商謀反獄未成請旨即行正法摺○斬犯牛泳合因反獄案内據實自首請暫緩處决聽候部議片　致户部電　藩庫奉撥歸還洋款廿九萬擬往運庫撥補九萬

初四日陰下午微雨　第二日謝客鏡夫來復診外感雖輕尚未清肅仍畏寒微熱也黃貴以中痰病歿相隨三十年其才可用年甫五十三上有老母遽尔物化深悼惜之奉到初三日○寄諭一道飭查定州參案

初五日霽　謝客第三日昨晚仍溏微作寒熱不能成寐日間稍覺疲乏香帥送到盧漢鐵路覆奏摺片細核一過無可增損封完交来弁賚遞並附寄致瓶生信

初六日晴　謝客第四日鏡夫復診言肉脉特旺恐韋動肝氣勸多養數日錢甘卿到京未引見又因病匆匆回南未能登岸心竊系之

初七日晴　謝客第五日鏡夫復診言微感猶未清也介艇自省到津談久之支持甚勉強矣　楨兒生日早間設麪席

初八日晴　謝客第六日鏡夫復診言復感亦解矣杏孫到（以刘疾故）津來見久談陳六舟閣部彝引退回籍本日舟抵津門未上坡余亦以小病未能往候明早即行派津航輪船送德州一面之緣殆亦有定數歟景萊回津　戌初大風雷雨帶雹突如其來不知海上是何景象也　辛亥同年張蓉軒方伯夢元本日病故伊子張毅來報

初九日晴 見客一班午後介艇辭回保定杏孫来談接總署電鐵路會奏一摺本日奉8旨盛宣懷著即飭令来京以備諮詢欽此當即恭録會札飭遵

初十日晴 見客兩班午後杏孫来談奉到初九日〇〇寄諭一道有人論賑務河工飭酌量辦理

十一日晴 見客兩班一起傅懋元 下午杏孫来談奉到初十日8寄諭一道有人奏莊頭倚勢苛斂請飭嚴禁謝金伯接杭電乃翁患病今早乘新豊回南

十二日晴 見客兩班杏孫辭行晉京聞張藹卿華奎病故深悼惜〻

十三日晴 見客兩班一起聶功庭美領事李雅各来見奉到十二日8寄諭一道有人奏順屬盜風日熾飭將積年巨盜密速嚴拏從重懲辦

十四日晴傍晚雨 見客三班一起臣曹蓋臣陳鶴雲吳贊臣自永定河工次來
約計此次工程實需銀二十三萬四千餘兩下口工需及善後各工均
不在內統計非三十四五萬兩不能了此公案云德使海靖有書
問候
中秋節晴 照例謝客本擬出門賀節司道以小病初愈力請阻勉從所請惟
寅寮數月衙參祇逢節荅拜一次并此無之未免歉然耳 手復雲
楣士周兩書并並荅德國海使
十六日晴 見客三班新授貴西道王久峯經常德府湯伯溫似瑄均自
京赴任黃公度遵憲應調抵津匆匆公見寒暄之外未及暢談候
補道魏鵬秋杰自十方院來葉少韓元琦自省來均有商件

廙 音以又音弋

十七日晴 俞廙軒方伯廉三由湘臬赴晉藩任来晤深談午前出门
奠張榮軒同年下午保定陳守天津沈守保甲李守天津玉令
先後来商件 次咸回嘉課試科 黄公度委幫辦水師營務處並隨辦洋務
十八日晴 見客兩班三 新授廣東水師提督何廣廷長清 交卸鄖陽鎮
進京俞廙軒辭行赴山西先後接晤下午誠卿穀卿来商辦永
定河下口工程
十九日晴 見客一班兩起一魏鵬秋一晏誠卿 補十六日專差拜發正摺二
件夾片四件○唐應騊請補永定河南岸同知摺○候補道承
霖給咨引○見片○江寧協領成鶴二次俸滿給咨引○見片○遣
撤湘軍一律竣事摺○聶士成等請建坊片○沈德璞等請建坊片

二十日晴　見客三班黄公度毛實君先後来久談實君請回
京供職渠在部本有要差舍彼就此實不合算徒以奏調考
語結實不得不来此一行今既思歸亦不敢強留也
二十一日陰　見客三班接傅相二十日横濱来電言二十六可抵沽口
屬放小輪往接并飭鐵路局預備花車河水逐日消落本
日堤頭壩水報龍骨祇過水六寸矣
二十二日晴　見客兩班接沈子承梅箇電言傅相於二十一日午刻安
抵横濱當即過廣利船即晚亥刻開是號電尚係李高
預發也是日龍骨過水四寸将次歸槽矣
二十三日晴　見客三班兩起少東子敷丈均商件

二十四日晴 見客三班兩起一毛實君一呂道生稅務司安格聯来見

二十五日晴 介艇自省来久談味荃赴永定河工天津令報栗大王到津供奉 大王廟

二十六日晴 大王廟行香回署見客兩班下午誠卿来商海河裁灣取直事本年河水盛漲時堤頂壩報龍骨過水盈五尺立秋後逐漸消落本日報龍骨止流

二十七日晴 傅相出使回朝黎明抵太沽口巳刻赴火車站迎候環歷地球精神矍鑠秉賦之厚非他人所能及也歸途接刺而不拜會以甫經到家不欲遽擾之也

二十八日晴　傅相来晤久談見客兩班又傅相隨員及各屬文武来接傅相者偕鐸而来竟日不記起數又聶功庭商出境巡查邊界主雲舫之世兄金適持雲楣曦亭兩兄函来蓋有所商也介艇辭回保定臨别黯然日来領事鄭永昌来見自朝至暮應接不暇累不可言奉二十七日8寄諭一道永定河工飭提前趕辦

二十九日晴　謁傅相久談回署見客兩班下午衮訓臣祖詒自河間来籍載伊父母木主来津蓋将以求題也謁晤久坐藉詢滇事奉二十八日8寄諭一道直隸京官劉恩溥等六人條陳河務飭會同順天府妥議具奏

三十日晴　見客三班一起沈子梅補二十九日由驛四百里拜發四摺三片○勘定永定河大工請8飭部籌撥的款摺○陳明大清河

情形暨重預籌辦理緣由片。支應局二十一年收支各款報銷摺
。戶部員外郎毛慶蕃銷差回京供職片。分省補用道黃遵憲遵
調到差日期片。經征二十一年八項旗租未完分數員名摺。七月分
兩水糧價摺

丙申九月戊戌

朔日癸巳 晴 見客兩班 新授皖撫鄧小赤同年華熙進京来晤行程叔促即往送之 伍吴楚公所寄請8聖安 派仙舫送往通州

初二日晴 公請合肥相國席設海防公所 作竟日叙 戌初始散

初三日晴 見客三班三起 一鮑鴻吾祖恩鮑春霆之次子由旅順宋營来 一劉柳一 一徐友齋之

美領事李雅各来見人頭洋布案議結 閱電抄通永道張紹華升江西臬

初四日晴 見客三班一起 唐少川紹儀 滙豐銀行英商麥根世道来見商津盧鐵路借款

初五日晴 見客三班 前署興泉永道福建候補道許秋槎星翼来見

因迴避改發浙江明保進京引○○見

初六日晴 見客三班兩起一張小颿曾颺數進京○○陛見特任閩臬湖南舊屬也一高勉之劍中由項城本籍進京在雲南學政任俄署領事格羅思僖諾歷武員木雅期內最相投契一見懽甚

來見孟學到津眉五乃郎魯瞻長泰同來將赴深州就親也

初七日晴 候傅相談表訓臣借浙江會館設座求為其雙親題主

午正赴之將事如儀衷題則澄甫少東仲瀛戟門也封授

盛京工部侍郎鍾秀之靈出京赴任來晤庚辰翰林人極肫摯執禮

尤恭

初八日晴 見客三班兩起一徐璵齋赴慶陽府任一調卿挈金達來見 李犢臣孫慕

韓吴鑑泉學廉同見商淮餉事

重陽節晴 見客三班 奉初八日8寄諭一道黄思永條陳河務 接總署電調黄公度進京商蘇州租界事即飭遵照

初十日晴、傅相辭行晉京久談 又見客兩起 一晏誠卿商河工 一黄公度遵調進京定十二起程 是日午初長媳率二孫女及慕孫又彬孫母子回杭乘火輪車至塘沽上新裕船 眷屬等送往大半皆試坐火車也 回署已戌正矣 彬孫隨任多年習氣甚重俾其母挈回嚴加管束居家與在署不同尚冀其自知省悟力改前非也噫

十一日陰微雨 傅相晉京在吳楚公所行寄8安禮並送行 下午新調藩司員梧岡鳳林8陛見出京黔中舊屬也余赴滇時官貴東道晤談久之 作常熟書寄園通觀粥廠捐共五百三十兩 夔一因夫人病每促南旋

十二日晴 自巳至酉見客六班兩起一負梧一裴訓臣辭岡回河間黃公度
辭赴京一飯之外無片刻閒甚矣憊 天津令報朱大王到津
十三日晴 詣大王廟行香見客一班三起一沈子一余星如一負梧梅一文炳一岡
接慕孫電於本日午刻平安抵滬此行可謂迅利矣慰之專差
拜發正摺四件夾片四件○遵○○旨查明知州被參各款據實
覆奏摺徐慶銓○請以故城縣沈晸初調補青縣摺○光緒二十一
年廣恩庫地租未完分數員名摺○張夢元積勞病故請竝
例議卹摺○陳時福無力補交捐項援案請仍回雲南候補片
○豁留新授江西臬司通永道張紹華辦理潮白河工片○光緒
二十二年秋禾收成分數片○光緒二十一年教佐參不及額片

十四日晴　見客四班三起四　馬植軒恩培一朱季雲論江蘭生驗一江安粮道接辦釐務一收截漕李少雲清查保甲

接杏孫電昨日○○名見稱○○旨本日奉○○上諭開缺以四品京堂候補督辦鐵路總公司事務任大責重勝任二字談何容易此事可成不可敗正未可視為奇遇也於開拓之中仍處處將以謹慎或庶幾耳　電戶部催議覆永定河工經費撥

十五日晴　梧岡辭行赴任張筱傳裕華自通州來陳辦理潮白河工情形見客三班美領事李雅各倩何天爵来見不官不商其意仍不外鐵路銀行兩事也下午出門送梧岡行并答筱傳

奉十四日○○寄諭一道盛宣懷督辦鐵路總公司仍飭隨時辦督率辦理不得以荐舉有人稍寬責任

接戶部本日覆電河工經費撥提照准定十九日覆奏奉准即電知

半月懸懸得此大慰

十六日晴 昨晚畏寒微熱時作腹痛頻頻欲解解不暢懼成痢服鏡夫方午前未見客下午誠卿来商截漕事夜雨

十七日晴霜降 昨恙漸減午前未見客午後張筱傅李少東馬植軒沈子敦裕蓉坤慶先後来見分作兩班均有話說德國前總兵克馳馬倩包爾来辭行回國克熟於礮台宜忌情形人亦頗篤厚曾條論旅順大連灣布置機宜不無可采奉到十六日旨寄諭一道奉天催歷年欠餉夜雨

十八日陰雨 竟日未見客閱電抄本日奉旨上諭李鴻章着在總理各國事務衙門行走欽此接杭信幼筠金伯均有喪明之痛

諳幽休戚聞之愁然大風竟夕想輪船在途不知作何景象也
十九日晴 外感已清腹疾未痊午前擇要見客兩班美國水師提
督馬克內偕李雅各來晤人極爽朗即擬答拜言回船即行
堅辭勿往約以明年到津當先往拜下午翁弢夫太史斌孫
由滬回京過此暢談以仙航送之是日巳刻拜發皇太后
萬壽賀本接琴川十五日復書述及銀行事頗有機緒致
德國克虜伯廠信克馳馬將攜以銷差并訂後約也蘭言乘新裕船
回南時將赴粵扶尊慈靈櫬回杭安葬
二十日晴 見客三班一起翁述堂
二十一日晴 見客三班何天爵偕李雅各來見言明日赴京約以出

京後再吝拜 接總署咨許日本在津滬漢廈四口專設租界此
事須費一番論辯也
二十二日晴 見客兩班一起朱季雲請咨引見 悅喬慎初夜來談陸魯瞻辭
赴深州就親
二十三日晴 午前見客兩班午後見客四起事畢已上燈刻許矣
一劉柳齋辭 一晏誠卿再 一吏部員外孫仙石朝華 一翁述唐
行晉京 六 商截漕事 一服闋晉京南宮縣人 一辭回滬
拜發四摺弁片專差〇准餉短绌請將聶士成一軍月餉由部
籌撥摺〇藩臬運三司到任片〇提督聶士成巡邊起程日期片
〇宣化鎮王可陞歷年捐修教場廟宇各工程請准建坊摺〇
知縣江宗瀚年等年滿甄別片〇南來米糧請免江海關出

是日長蘆呈
進冬筍九桶

口稅片○東明黃河南隄新出險工另案添撥經費摺○遵
旨查明道員張鴻順參案據實覆奏摺○設立鐵路學堂
片○附近省城減河歲搶修工段銀數片
二十四日晴 見客兩班一起沈子梅 英署領事孫德雅来見瑞生洋行
補海斯德回國挈其代辦史諦法同見
二十五日晴 子密之長孫號伯愚由山西来津就親坤宅為汪君穆
觀察兩處道喜均步坐順道答客回署誠卿来商河務又河南
城守尉新授山海關副都統斌子俊傑晉京○陛見過津来晤
善星垣之堂兄約明日申刻寄請○聖安接戶部来文河工請
留津摺片准於十九日覆奏奉○旨依議欽此奉到二十四日○

寄諭一道飭拿革員王銘

二十六日晴 見客四班公度之弟黄幼達遵楷偕候選道張弼士振勳來見張係盧漢鐵路案内由杏孫稟請電調回華現辦烟台釀酒公司廣東大埔縣人新嘉坡總領事申刻荅拜斌子俊弼士貽以猴棗一枚得未曾有即赴吴楚公所行寄安禮手復雲楣書

二十七日晴 見客兩班一起廣東提督何廣庭履長清出京赴任 手擬咨片一件保黄公度

二十八日晴大風 見客一班新任俄領事書思齋來見由驛三百里拜發三摺三片○東明黄河伏秋大汛搶護平穩恭報安瀾摺○永定河北中漫口大工尤為出力人員請照異常勞績請奬奏明立案片○知縣葉溶光請送部引見片○咨摺一件

請慎簡○咨片一件保黃適○八月分雨水粮價摺
使臣　憲使才
二十九日晴　見客兩班兩起　一晏誠卿一張蘭徵　澄妹来新裕来於二
十六日早由滬開行昨日大風一年中所罕有　至晚尚未掛口深以為念永
定河下口工程於本日告竣誠卿昨自工次来也
十月朔日晴　見客三班四起　一李勉林由省回津　一錢伯愚　一通濟管帶李和　一方選餘舉驂蓟
人〻孫新選呈貢縣　澄妹平安抵津
初二日晴　午前赴紫竹林吞新任俄領事書思齋又日本駐京公
使林董回國過津約早間来拜復以不克等在署候當先往晤因
即赴〻盖趁便也仍訂明日来見由驛遞回二十八日奏事摺奉明
黃河安瀾摺有明發永定河工分別保獎片並請葉溶光摺交吏部

帶領引。見客摺片均留中。接蘭言漢口本日電，幼筠病愈，可慰。

初三日晴　見客四班一起李勉林、余澄甫接卸運司篆　日本公使林董辞行，荷蘭公使克羅伯偕新授領事四達爾祚福先後見。由驛四百里拜發正摺四件、夾片二件。遵旨查拿革員王銘並未在津摺。天津道承造駁船無款可籌請飭部改撥摺。運司解清京餉片。徵解二十一年在京各衙門帑利片。二十三年上半年已未結交代起數摺。二十一年帶徵節年地粮完欠數目比較摺。閩電抄惲莪耘廿浙藩、馬植軒廿鄂臬。

初四日晴　赴紫竹林補拜何天爵，並答荷使克羅伯，克寓賽（薩）寶寳洋行，二王即四達爾祚福。四酷好古董，搜羅磁器尤富，中

有宋元物數件其康熙雍正乾隆三朝窯產多有見所未見
者洵大觀也下午少東來商件張子虞晉京銷假久坐暢談
奉到初三日8寄諭一道來春應否接濟
初五日晴　見客三班四起一謹和菴貴由浙江回京一劉嘉樹名譽新授江寧遺缺府出京一俞伯鈞鴻
慶晉京銷假一五少卿大
鸛皋並有信一沽查案回
近日洋行輪船有抵埠者商局之船
不久亦可暢行矣補昭通鎮何東山雄輝晉京8陛見過此暢談
初六日晴　見客兩班兩起一蔡乂臣引8見出京一陳仲英新授安慶遺缺府到省乂臣仲英均
舊交得此一談甚暢適鈺孫入都銷假派仙舫送通州接杭電
三孫女又得一男蓋三索矣錢氏丁單得此差強人意
初七日晴　見客兩班法領事杜士蘭來見因商議論銀行事與香濤

杏蓀均兩次往返電商　近日招商局輪船陸續抵埠花衣第一日

初八日晴　見客三班　永定河北中漫口工程本定初五日合龍嗣以趕辦不及改至初七乃昨晚三更後接電仍以引河形勢未順未敢冒昧掛纜尚須續展數日當即電屬贊臣等務須格外慎重不爭一二日之遲速並飭驗收蘆溝橋石堤工程之孫道鍾祥（號麟伯）即日馳往北中工次商酌辦理事有關係馳念實深

初九日晴　見客三班　皖撫鄧小赤同年　陛見出京在吳楚公所蹌請　聖安往拜未值枉顧一談北中漫口本日卯刻合龍亥刻報到足慰馳系

初十日晴　皇太后萬壽辰初恭詣　萬壽亭率屬行慶賀

禮又北门外新修〇〇玉皇廟落成恭詣行香並驗看工程此處
為陸路送迎恭請〇聖安之地向來屋宇頹敗規模簡陋不成體制
此次籌款重修輪奐一新局面闊敞觀瞻所係庶幾得體矣耳下
午子儁誠卿先後來商件
十一日晴 曾文正誕日湘人循例在專祠致祭余以久宦長沙又適承乏
畿輔於公有高山之慕恭詣行禮以申景仰之意非年例也回署
見客三班馬植軒辭回金陵又臣辭回江西悅喬辭回滇省以百
金贐之〇恭報永定河北中漫口合龍摺由驛五百里拜發〇奉
署三太爺誕辰亦行禮焉
十二日晴 見客兩班同年朱琇夫光綬之孫耀祖自濟寧來求

事無可位置以二十金資其行相基之子相基曾任山東知縣也大孫女自江西来信索蘋果水梨惜又臣已行失此妥便當留心另覓耳 亥刻杏孫自京抵津

十三日晴 昨晚丑刻畏寒發熱来勢甚重竟夕不舒午刻鏡夫来診服表散之劑一道戌刻又来復診加用人參以固本據稱是傷寒樣子亟宜透發是日我竟不能起牀傍晚杏孫来就卧晤室畧談數語精神實不能支也杏孫初次来乃十四病後補記誤作十三

十四日晴 熱退未盡鏡夫復診杏孫来談是日畧能起坐

十五日晴

十六日晴 南懷進京以郎中分部本日到津下榻署中

十七日晴
十八日晴
十九日晴　是日楊儒使俄羅豈祿使英伍廷芳使美黃遵憲使德
二十日晴（先太夫人諱日）　此數日中鏡夫逐日診視杏孫祇兩日未來寅僚有公事者仍每日見一二起均力勸稍緩出房並料理日行事件亦殊鮮暇晷藥未間斷而精神不振意興索然未見起色也
二十一日晴　大風驟寒是日未見客奉到二十日○寄諭兩道一催本年京餉一項預撥來年京餉
二十二日晴陰　見客兩起毛實君辭回京杏孫來久談　補二十日由驛三百里拜發正摺三件○本年秋禾被水災重州縣請蠲緩摺○

本年秋禾被水災輕州縣請蠲緩摺。開東長三州縣被災

請蠲緩摺（補二十一日）拜發正摺三件夾片二件專差。直隸候補人員

壅滯請替傳分發摺。獻縣獲匪譚禿子等訊無確供請

監禁查辦摺。平山縣逆犯趙金梅毆傷嗣祖母趙韓氏越日

身死按律定擬摺。傅雲龍捐復道員請仍留北洋總辦機器

局務片。勸辦賑捐出力之湖南委員裕慶請改獎片

二十三日陰　見客一班

二十四日晴　見客兩班杏孫少東先後來久坐是日杏孫補常少

二十五日晴　高勉之出京回籍借輪船送至臨清以封河在即未能遠

行無以報命心甚歉然贐以百金亦堅辭不受可敬也又見客一班

二十六日晴 見客兩班下午杏孫来久坐 甫懷由陸路晉京

二十七日晴 午前見候補道一班午後津守沈敦丈来回事

二十八日晴 午前後見客兩班下午杏孫来久談論及銀行事滬電抄徐蔭翁大拜李蘭翁復協辦 手段士周一函是日會同香帥杏孫由驛拜發鐵路摺一件又專差拜發三摺兩片 ○遵旨體察永定河挖淤情形分別議覆摺會順天府 ○遵旨派員試辦磁州煤礦片○北洋辦理善後等項用款繕單陳明立案摺○粵省福靖兵輪暫行留作練船歲需薪餉等費由北洋籌撥片○九月分雨水粮價摺

二十九日晴 見客一班一趙李少東英國寶領事来在簽押房外間見之

三十日晴　竟日大風如吼未敢出房午前見客一班　閱電抄李蘭翁
調吏尚孫燮翁調禮尚許筠菴升工尚錢子密升總憲
十月初一日晴　見客一班一起傅懋元　下午杏孫來辭行明日乘海晏赴滬公私
事冗久談而別
初二日晴　見客兩班一起陳瑞伯玉檢予接卸天津縣篆由驛拜發三摺四片。
擬員請旨簡津海關道摺。候補道孫鍾祥年滿甄別片
。本年封河後未能回省仍駐天津片。現患感冒請假二
十日摺。練兵處需用檯槍請由北洋檯槍經費內匀撥開
支片。大名練軍等營更換管帶員名片。請補馬蘭鎮
黃花山守備員缺摺　會委張道振棨充鐵路公司總董並

辦理天津分局孫道鍾祥辦理盧保鐵路土石工程奉到

初一日○○寄諭一道飭查通州稅口小報名目

初三日晴　見客兩班慎之來夜談奉到初二日○寄諭一道軍機大臣總理

衙門户部會議盛宣懷條陳自强大計

並請開設銀行設立達成館各摺片

初四日晴　見客兩班閱電抄直隸津海關道員缺着李岷琛調

補　味荃采三子展過談采三子展均明日趁新裕回南

初五日晴　見客兩班一起吳春生令赴昌黎斷兵米事　孟孚夜談由驛遞回初四日

○批摺請假一摺奉○硃批着賞假二十日欽此

初六日晴　見客兩班閱電抄天津道員缺方恭釗補授坐補原缺　連日天氣

溫和河凍未合新裕明日開是爲末班　竟夕大霧

初七日陰 見客一班 羅稷臣豐祿以記名海關道加四品卿銜出使英國出京過津匆匆一晤未及多談緣封河在即亟須成行也

初八日晴 聶軍門自蘆台來久談 伍秩庸廷芳以候選道加四品卿銜出使美國過此一談亦行色匆匆也下午晏誠卿來商件 手訂擬員補通永道缺奏稿

初九日晴 見客兩班奉到初八日〇〇寄諭一道 庫倫桂斌請飭催練軍營官徐平川迅速赴防

手訂蘇漕請仍歸海運毋庸改由河運摺稿

初十日晴 見客兩班三起 一彭少園光譽以分省道奉8旨發交北洋差遣 一勉林 一商案 灤州昌黎撫寧三州縣商

接右銘十月十六日手書商撥洋軍火並提莫道繩祖兵米事

十一日晴 見客兩班奉到初十日8寄諭一道 催東三省歷年欠餉 大風竟夕轉側

未能成寐

十二日晴 見客兩班 松夫自京回津 前巷巷公度因事尚將移未便久候也 輝遠解京餉事竣同日到津 專差拜發四摺六片 ○籌修旅順大連灣礮台請撥經費摺 ○揀員請補通永道要缺摺沈能虎 ○提督巡閱回防整頓營伍情形摺 ○河運漕糧擬請酌量變通仍將蘇漕統歸海運摺 ○北洋機器局采購物料請仍照章免稅片 ○派員赴豫領回皖軍交存軍火驗收數目片 ○永清縣知縣王言昌修墓開缺片 ○湖南長沙府教授何鉛遠請以知縣儘先選用片 ○截留江北江蘇河運漕糧兑收數目片 ○本屆江浙海運經費免其造冊報銷片

十三日晴 見客一班 輝遠趁北平船匆促南行（開平礦務局船）

十四日雪 見客一班 得雪寸餘稍資潤澤 仍以大沛祥霙為盼

十五日晴 午前後見客兩班 午後誠卿穀卿来論大清河堤工 奉到十四日

8寄諭一道（催東北邊防經費） 公度使德 德之不肯接待 以彭嘉坡舊事傳

訛也 竹篔爭之 之不獲 交涉情形如此 其將何所措手耶 噫

十六日晴 見客一班 晚冬至祀 先尚在避風未能行禮 天氣嚴寒入

冬来本日為最

十七日晴 長至令節 請假期内慶賀未能到班 昨徹夜大風 今日

晝晚未息 病體初愈 尚覺未能禁受也 寅僚賀節 照常辭謝 是

日未見客

十八日晴 張毓蕖蓮芬謝委署通永道 孫麟伯鍾祥 驗收潮白河工程回 先後見 鏡夫來述少東接花農任彼此交際情形

十九日晴 見客一班 大順廣道萬蓮初升任通永道 張筱傅先後見 專差拜發四摺四片 ○請將豫省蘆鹽加價撥歸直隸成案隨引完交摺○委署通永道片 張蓮芬 漠河金廠請與本省各金礦劃清界限摺○永定南北運三河本年搶修銀數片○藁城縣知縣貴咸勸集息借商款請獎片○二十二年天津辦理江浙海運出力員弁照章請獎摺○津通二帮屯地租銀並無未完一分以上員名片○天津縣民人蕭幗珍因伊母蕭卞氏挾嫌圖賴逼令該犯代結縊繩身死援案定議摺

二十日晴 寅儕預祝一概辭謝是日未見客晚間兒輩置酒稱祝令

男女兩席用八碟四大四小亦向例也

二十一日晴 作六十七歲生辰屏絶應酬尚多歷碌午起六席晚席

四棹是日風和日暖晴爽可喜

二十二日大風揚沙 見客兩班張筱傳辭回通州料理交卸 味荃夜談

天氣嚴寒與十六相埒僉謂數年所未有也

二十三日晴 見客一班一趙陵嚴功 前江蘇候補道莫仲輔 繩孫来見

獨山莫子偲友芝之子也右銘信来提及之

二十四日晴 見客一班一趙元傅懋 奉到二十三日○○寄諭一道漢河畫界

摺並請兼寄黑龍江將軍副都統 得舊搨衛景武公碑一本蓉舫師舊藏也

不知何時佚出書賈攜来索價三十金味荃審為明中葉本云

二十五日晴大風撥沙 見客一班 趙㻞生辰早間設麪席是日始畫簽押房見客

二十六日晴 見客兩班 姚子梁文棟到省奉特旨發往北洋差遣委用與彭光譽同案

二十七日晴大風 見客兩班 署清河道衛鵬秋杰自省来又見客一起晏誠卿商河務 德國署領事艾思文偕繙譯古朋阿来見 樊穗禮請假遺缺新自柏靈来也

二十八日晴 見客一班 西國元旦各領事衙門照章差賀專差拜發正摺四件夾片四件。次日補記

二十九日晴 見客兩班 下午約魏鵬秋来論練餉局事。永定河

籌辦來年備防稭料摺。假滿照常視事片。高邑縣教諭董傚指修忠義節孝兩祠請8賞給五品頂戴片。前署香河縣金銓虧欠交代參追片摺。前署撫寧縣李兆梅交代逾限請查抄備抵片。改數前昌黎縣丁予懃交代清究請開復革職處分片。宣化縣民人馮二全誤傷親母身死按律定擬摺。十月分雨水糧價摺 山西藩司俞廉軒廉三委員解到加增養廉銀三千兩查係乾隆十二年8恩旨不知何以由山西藩庫支給一時無從稽攷也此項向所未知因查上年係解交直隸藩庫轉解卻有報文而未解到即電詢梧岡不知有無此誤轉覺可疑耳 是款仍照原額並不減成亦不可解

十二月朔日晴 見客兩班衛鵬秋辞回保定姚子樑彭小圃謝委
随辦洋務接梧岡復電言山西解款名為協款耗係從前加
增養廉案内由晉藩協濟直藩公款其有徑解来緣者仍應
於應得廉銀内劃扣當即電復照辦 仍行文山西藩司以
後此款即解直隷藩庫兑收以省周折
初二日晴 見客兩班連日天氣回暖亦無風核定年節京信单
初三日午前雪後霽 自子迄午大雪繽紛約得五六寸僉謂數年来
無此渥澤矣可喜也誠卿来商論格淀堤堵築冰口事胡家房以
上因冰決口四處
初四日晴 見客兩班下午鏡夫来論關務摺弁回津賫到十二月

初一日〇〇皇上恩賞福字一方並8加賞壽字一方敬謹祇領應
即具摺謝8恩倩孟孚擬稿
初五日晴 見客兩班下午微覺畏寒早睡取汗期於速愈
初六日晴 昨晚小有寒熱是日未見客下午鏡夫適來即請診〻言感
冒極輕却須溫散服六君子湯加防風乾薑等品專差拜發四摺
四片〇光緒二十一年淮軍收支款目第二十四案報銷摺〇又二十
四案附銷各款片〇又二十四案水師修船用款片〇北洋機器
局光緒二十年分動用經費照章報銷摺〇本年上忙錢糧已
未完分數摺〇津海關道李岷琛等捐助順直棉衣賑銀請建
坊片〇辦理晉邊賑捐出力〻知縣鄒維寶請改獎片〇徽補長

蘆光緒二十年分正雜引課銀兩片摺 曹蓋臣軍门克忠據報

於昨初五日病故津门者舊又弱一个矣 奉到初五日寄諭一道

御史王廷相奏開平煤礦穴挖日深恐碍陵寢風脉

飭即派員查勘嚴定界限繪圖貼說奏明請旨

初七日晴 見客兩班下午少東商件感冒尚有餘波鏡夫服(復)診

易方服之

初八日晴 見客兩趟(班)感冒漸愈

初九日午前得雪寸餘午後開霽 見客兩班吳贊臣自永定河工次回津銷

差縷述辦理情形歷歷如繪此行亦殊勞苦矣上燈始散

初十日傍晚微雪 見客兩班專差拜發蒙賞福壽字謝恩摺奉

到初九日寄諭一道恩澤奏結東大化叅案摺片飭悉心覈議具奏 拜發元旦賀表

十一日晴　見客兩班前津關稅務司德璀璘來見鈺孫京察過
堂後請假回津度歲述都门近事甚悉
十二日晴　見客兩班下午施令有方來見雲南昆明人己丑舉人
甲午進士由中書改知縣上年到省其人嬌嬌自好却有肝膽
十三日晴　見客兩班鏡夫回事專差拜發四摺二片○本年截留
備賑漕米請援案變價摺○前任直隸藩司錢鼎銘清河道
陳鼒請附祀曾國藩專祠片○光緒二十二年附近省城堤河
歲搶修經費片○順直各屬供應東征各軍車價援案
報銷摺○曲周縣民張澤廣謀殺伊父張錫鳳審明定擬
摺○海防各營積勞病故並續查東征陣亡員弁懇恩賜

十三日呈進
本衙門年貢
三鑲如意一柄
吉綢袍褂料二十六套
一絲加金大荷包五十對
一絲加金小荷包五十對
福橘五桶
春橘五桶
桂元五桶
南棗五桶

十七日長蘆口呈進
氷鮮計銀魚九桶
回網魚白魚花鰱魚
鯉魚各九尾紫蟹
九十對

邸抄

十四日午前晴午後陰微雪 見客兩班 奉到十三日8寄諭一道 係吳樾奏 並有牽涉
飭雄查具奏 不准
引嫌自請迴避

十五日晴 見客三班 約丹庭商件 天氣凜冽 風來刮面刺骨 前
年在北道上無此嚴寒也

十六日晴 莫曹畫臣軍門歸 途候李勉林都轉渠 近有傷明之
痛 不可無以慰藉之也 兩月未出門 但覺寒氣甚重 今日本年
極冷也 轎簾尚嚴密 不致透風 燈下手定年終密考

十七日晴 見客兩班 本日寒氣稍減 歲聿云暮 諸務蝟集 年內應
裁撤件尚多 頗費清理 戶部議准蘇漕統歸海運 奏請 十一月十二日

十八日晴 見客一班一起 發往兩江委用總兵崔季蓉廷桂銅山人 由驛拜發正摺四件夾片一件○文安霸州淀泊地畝請蠲緩摺○安州河間積潦地畝請蠲緩摺○直隸綠營制兵碍難再減摺○管帶宣化練軍前營總兵徐平川馳抵庫倫防所日期片○遵奉十三日寄諭密陳擬辦情形請旨摺

十九日晴 見客一班一起 傅懋元回事 午後赴紫竹林答德領事艾思文以德國通用金錢相示並持贈二枚重二錢一錢

二十日晴 見客三班由驛拜發四摺兩片○本年災歉州縣來春應行接濟摺○年終密考摺○學政聲名片○天津新農鎮一帶營田半多荒廢派員接管辦有就緒摺○飛雲輪船煤

二十一日長蘆呈進年貢銀錁四千錠每錠一兩

二十二日長蘆呈進果貢九品計八十一桶

價請由北洋協撥片。革員鄭廷璧校遞匿名書信審明定擬摺

二十一日晴　午刻封印酬應往來尚不覺累酉刻奉到二十日8批摺客陳一摺奉8硃批着照所請欽此當即電知杏孫遵照辦理奉到二十日〇〇寄諭一道依楞額請撥快鎗依涼州副都統

二十二日晴　見客一班一起張戩門專差拜發四摺四片。遵旨查明漢河金礦酌分貨餘等項秉公核議據實覆陳摺。漢河本年被水被匪出金較減片。機器局咨造鑄銀元咨送錢樣片。永定河神靈顯應請加8封號摺。永定河北中汛漫口合龍出力文武各員分別獎敘摺。永定河北上汛接築石堤一律工竣摺。籌解

鑾儀衛地租銀兩片○前署寧晉縣羅廷煦獲盜送部引

8見片　是日卯刻適周外孫女生一女（未育）

二十三日晴　見客兩班一起東　李少津榆鐵路歸併盧漢總公司本日揭曉（即本月十八日密摺）

會札黃道建筦張道振棨接辦明年元旦為始○專差拜發三摺

一片○查明四川等省勸辦順直賑捐獎案部駁各員分別更正

改奬摺○又周鸞梜請仍照原保給奬片○津海關第一百四十一結

至一百四十四結彙奏摺○十一月分兩雪糧價摺

二十四日晴　見客兩班兩起一　李勉林委查鐵路參案　汪君穆一　張戟門委辦歸併鐵路事宜　夜敬

○神杭俗所謂燒年紙也奉到○○皇太后賞福壽字各一方又春年

二字直幅由驛遞來敬謹跪領

二十五日晴 見客一班

二十六日晴 見客兩班是日縣署失火總署来文本月十七日奉

旨着派許景澄總辦黑龍江吉林邊界鐵路公司事宜

欽此

二十七日晴 見客兩班夜得雪寸許 總署電請飭委員查勘膠澳

二十八日晴 見客兩班奉到二十七日〇〇寄諭四道一〇〇〇東陵捜捕松蟲飭祁州購百部草数萬勅解往應用一有人奏直隸盜風素熾元氏欒城正定等處送出巨案飭各州縣不分畛域協力緝拏一有人奏条營員飭查一有人奏条河防局員飭查

二十九日晴 見客兩班料理年事大致就緒

除夕晴 子正三媳舉一男大小平安闔家歡喜八字丙申辛丑

庚寅丙子五行全命之白頭孫乳名新官敢除舊更新之義也
余家累代丁單今年度歲有三子五孫一曾孫此皆仰託　祖父
遺澤門祚漸張非薄德所能致此惟有教我子孫恪守忠厚
家風以冀綿延勿替而已夜祀　先並告添丁
本年除賀摺謝不計外共拜發公事摺四十七次計正摺一百六
十二件夾片一百三十九件通共三百一件

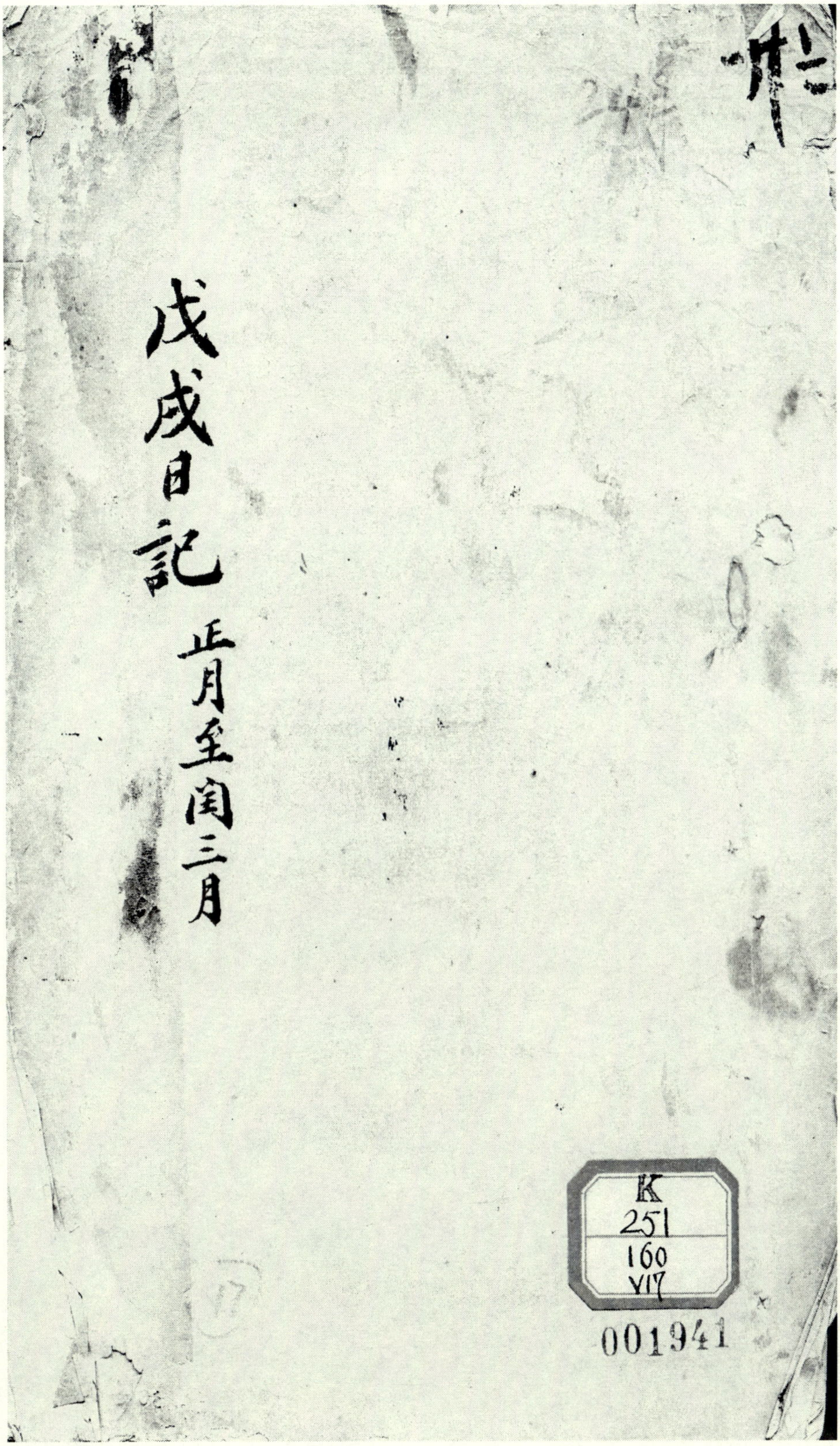

戊戌日記 正月至閏三月

光緒二十四年歲次戊戌年六十九歲

正月甲寅
元旦乙酉

元旦晴 辰初詣 萬壽亭行慶賀禮是日申初日食回署後未見客各處行香畢本署親友往来均如常儀午刻小憩

本日起公事圖章改用逢吉二字 是日日食

初二日晴 俄美德荷各領事来拜年俄書思齊美若士得德艾思文荷四達爾祚福也自午初至申正始畢專差拜發正摺兩件

○ 皇太后賞福壽字謝 恩摺又 皇上前謝 恩摺

初三日晴 忌辰未見客

初四日晴 見客一班鶴雲自固安来法領事徽席葉日本領事鄭永昌比領事標爾大學堂總教習丁家立先後来賀年

初五日晴 英領事司格達来賀午间出门城内外拜年六刻而畢

奉到初四日○○寄諭一道飭催籌餉練兵覆奏

初六日陰大風揚沙 見客五班一赵亭轟功税務司賀璧理賀年蔚庭自京

到津奉到初五日8寄諭一道飭香帥杏孫會奏粵漢鐵路三省紳商自行承辦揭片以請

初七日晴 見客一班一赵金謹齋 忌辰客少與蔚庭兩次暢談

初八日晴 已正赴紫竹林答拜各國領事并順道賀年計英法

俄美德日荷比共八處申正回署小憩酣甚蔚庭回京

初九日晴 見客四班梧岡到津慰庭亦由小站来梧岡單見慰庭公見

初十日晴 梧岡單見又見客三班午後出门答拜員呈藩袁臬

十一日晴 見客兩班下午约吴春生来商件

十二日晴　梧岡單見又見客五班錢夫人六十八歲冥誕閱電抄景
月汀升授晉臬　劉毅吉因病開缺
十三日晴　梧岡辭回省深談身世悲甚躊躇臨别尤增悵惘之色獮
覺可矜並言八字係壬辰庚戌己未戊辰今年刑冲太甚恐多不吉云云　又見客四班
十四日晴　口北道鍾葆舫培單見又見客一班一起東明令錢亮臣錫宷閲電
抄長蘆運司廷雍升補山海關道明保調補專差拜發正
摺三件夾片二件○張士綸調補督標中軍副將摺○張士
蘭借補豐潤營都司摺○武職借補章程請再展限五年
片○北洋機器局鼓鑄制錢每文加七分重片○光緒二十三年上半
年己未結京控案件起數摺　是日立春

上元節晴　是日年例不見客奉到十四日〇〇寄諭一道飭查漢河金廠二十二年實收金數

十六日晴　見客四起班鏡夫請咨引〇〇見仍附片請留直差委

十七日晴　見客兩班一起生吳春樵年接戶部電奏明創設昭信股票每票百兩給息五釐期以二十年本利全清飭即籌定議借辦法官為之創此即西人之所謂國債也在華為創舉辦理亦正不易耳

十八日晴　見客三班兩起傅懋元汪君牧均有商辦事件

十九日晴　午刻開印　韓鏡夫稟辭進京引〇〇見晚酌在署戚友設五席

二十日晴 見客四班

二十一日晴 見客兩班 戶部咨到粵辦昭信股票原奏條議覆中允黃思永條陳此項股票到五期之日準交地丁關稅釐金及各官項前十年按年還利後十年按年本利並還至二十年清結各省限兩個月議定辦法電奏

二十二日晴 見客四班一起春生 單見呂秋樵 增祥 陳萃伯 鴻保 接卸天津縣篆

二十三日晴 見客兩班

二十四日晴 見客三班 月汀升晉臬部文本日始到

二十五日晴 見客兩班 慕韓單見辭進京

二十六日晴 見客兩班（兩起一王穀卿早見一葉月汀謝折知）由驛拜發三摺兩片。迭次欽奉諭旨謹將直隸辦理情形據實覆陳摺。鉅鹿縣陳鴻保請調補清苑縣摺。靜海縣楊文鼎請調補天津縣摺。知州王秉謙年滿甄別片。通判陳景熙等年滿甄別片。韓銑請仍留北洋差遣委用片

二十七日晴 見客兩班一起潘子傳 鈺孫患感冒服藥未能中病深恐淹纏。改請嘉興吳少蓮診之言病在肺經表散太過白芷尤屬誤用改服其方冀可速愈。少蓮係向吳春生采訪得之言內（女）科尤精

二十八日晴 見客兩班專差拜發正摺三件夾片一件。直隸土藥所產不多請仍照舊章徵收釐稅摺。光緒二十一年九月起至二十二年八月止各屬征收土藥釐稅數目片。東海關第一百

四十九结洋税收支数目摺○十二月分雨雪粮價摺本日辰刻適
周氏外孫女分娩得男母子平安可喜八字戊戌甲寅壬子
甲辰為取乳名曰元春
二十九日晴 見客一班由驛遞回二十八日○批摺送奉○○諭旨覆陳
並韓銑仍留北洋差委摺片各一件承准軍機大臣知會奉
○○旨留中欽此
三十日陰 見客三班札委支應局會同藩司總理昭信股票事
二月初一日晴 見客兩班一起 勉甫自省到津昨晚亥刻至本日寅刻得
雪將二寸雖已入春亦資潤澤也
初二日晴 見客三班一起 勉甫

初三日晴　見客兩班一起　月汀○月汀請覲奉　旨来見運篆

方恭釗署臬篆廷雍署未到以前晏振恪暫行兼署手擬片

奏稿即分別趕繳行

初四日晴　見客兩班一起　君牧閣邸抄恭親王報効銀二萬兩不敢領股

票亦不敢邀奬叙奉　旨著戶部仍歸昭信股票案内核辦

初五日晴　見客兩班兩起一敬兩一懋元穆孫之兄芝闱　宝藩公車

北上昨日抵津下榻署中　大風雨晝夜本日傍晚始稍殺

初六日晴　見客兩班一起　鏡夫日本領事鄭永昌比領事標爾同

見商海河事

初七日晴　見客兩班暮韓自京回津　頗闻近事

初八日晴　見客兩班一起〇李亦青由豎臬升陝藩〇陛見出京將赴
濟南辦喜事過津得晤暢談而別即日成行專差拜發正摺四
件夾片一件〇楊良輝請補河屯協都司摺〇方恭釗廷雍等調
署運司臬司各缺片〇廣宗縣監犯脫逃請旨革訊摺〇光緒
二十四年温榆河果渠村堤壩各工估需歲修銀兩摺〇東明黃河
兩屆安瀾照章請奬摺　午间又起大風至晚未已亥刻奉到
初七日〇寄諭一道　催辦察哈爾左翼四旗查辦墾荒事
初九日晴　少東单見又見客一班一起〇汪少卿晓酊芝閬苕生穆生星齋
足侯或初到或遠来或將南歸故合爲一局
初十日晴　往粵華五旬正誕祝之順道爲月汀勉甫道喜本日閣抄

仲山入樞直　將食黃花魚　連日大風寒逾冬臘

十一日晴　見客兩班　一赴嚴幼陵趙新甫繩武公車北上曾在杭宅帳房四年近來荒廢亦有志之士也此次初見本籍嘉定姓洪乃父出嗣外家遂從趙姓云

十二日晴　見客一班　吳昆侯莊星齋乘新裕回[illegible]

十三日晴　見客一班　一赴君牧電復戶部昭信股票除順天所屬歸府尹熱河所屬歸都統專辦外直屬大小文武及北洋所轄局廠約共可請領四千股內本衙門二百股藩臬運三司共一百八十股津海關道二百股清河等五道共一百二十股聶提督及該軍文武委員共一百股通共已定八百股餘按缺分大小均勻派領以

為紳商士民々倡 吳調卿挈滙豐洋行麥根道世来見

十四日晴 見客兩班 俄員倭高格偕司特郎羅必得来見據云皆其幫辦所辦何事無可根究常年往来京城津滬三處疑係俄々駐華坐探也

十五日晴 先光祿見背四十周年 日月不居音容愈渺追慕其何能已照例謝客一日 孟孚乘海定到津由滬初九開走六日風濤々惡可想而知若箕々婿應季中 穗閣同船来以覆試期近亟欲進京就近住紫竹林春源棧稍駐即日電告若兄以慰懸念

接部文定抽收房捐々議 係二月初七日奏准

十六日陰 功亭自蘆台到津 應季中初見恂々儒雅佳子弟也下午

赴北洋醫院公請各國領事主賓八十餘人較往年分外熱鬧西人
以得與斯會為榮凡在各局所有事者必轉輾托人達意求以
不獲入座為大辱噫中國衰敝至此極矣而上國衣冠猶足動
四裔之景慕亦可慨也　夔一到津由驛拜發正摺四件三○遵
旨查明覆奏摺寔缺候補道員等參案○臨封扣下未發周萬高等借補都守各缺摺
○劉景山等調補守備等缺摺○津海關一百四十八九結奏報摺
十七日晴　見客一班　法領事微席業來見論租界事　奉到十六日寄諭一道
戶部覆奏咸豐三年以前以後出入大致飭各
省詳細酌度省一分用款即裕一分餉源　孟學季中同日赴京
○俄人勒租旅大時事不堪設想如何如何
十八日晴大風　見客兩班一起　花農新授福州將軍齊齊哈爾副都

统增瑞庭祺晋京○○陛見由山海關抵津

十九日晴 赴紫竹林拜增瑞庭適值枉顧彼此相左瑞豐洋行商人夏克来見買辦李文耀鄞縣人領事艾思文先期函請也十六日

拜發○○遵○○旨查明覆奏摺本日奉有明發○○諭旨

二十日晴 見客三班一起廣平守岑昭信旭階單見股票詳細章程本日始奉

部文

二十一日晴 增將軍来晤久談又見客一班二起一慰庭辭進京一勉甫銷假俄領

事書思齊偕其國親軍營叅將沃羅諾纳福来見沃即聶營所

延之馬隊教習也專差拜發正摺四件夾片三件○周萬高等借

補都守各缺摺○黄花山守備崔振魁迴避調補摺○大名府拿獲

著名巨盜單泳汰等請將出力人員優獎摺。獲盜尤為出力之署
東明縣曹景郕請送部引。。見片。附近省城河堤歲修經費
照案由司庫旗租項下湊撥片。辦理京城暨天津上海蘭州等
處電報委員三年期滿援案請獎摺。京營武弁巡護電綫出
力照章附獎片　日本士人川崎三郎以宏道碑一幅見贈
二十二日晴　增將軍晉京巳刻赴火車站行寄安禮下午見客一
起　燕謀論新河一帶墾務
二十三日晴　見客三班　勉甫月汀接卸長蘆運司篆務
二十四日晴　微受外感惡寒潮熱昏睡竟日由驛拜發正摺二
件。正定鎮吳育仁因病出缺請。。旨簡放摺

二十五日晴　外感未淨適鏡夫引8見出京即請診脈其方

二十六日晴　約粵華君牧慕韓商件　鏡夫復診

二十七日晴　月汀辭行晉京即以話別仍有微熱鏡夫用六君子湯

二十八日晴　慰庭自京旋津少東孟翔均有商件高子卿辭行晉京早間雖未見客午後仍絡繹未絶也專差拜發正摺四件夾片一件○趙執詒請補冀州直隸州摺○東明縣錢錫宷請調補獻縣摺○出使文報委員翁順孫等請分別改奬片○斬犯中途脱逃查明原解護解各官並無少差解役未加肘鎖等情摺○正月分雨雪粮價摺

二十九日晴　袁行南大化自皖北回津銷假與少東同見

三月朔日晴　微感亦頗糾纏鏡夫来復診夜微雪

初二日晴　粤華穀卿商件　春寒料峭十日未解往年所無也

初三日晴　粤華君牧商件俄人勒租旅大情形叵測英日聯盟狙伺

觀變大局至此不堪設想如何如何

初四日晴　潘子儁李文石商件接總署支未電云旅大議租大連灣作

通商口岸其界限俟許大臣在俄都商定船塢局房另議俄促初

六畫押希密電宋提督即速移紮營口為要等因當即遵電

祝帥事迫至此無可如何也噫

初五日晴　昨晚又寒熱大作左脇作痛鏡夫衡山診診言營衛不和并

發肝疾脉尚平靜少東子儁商件在上房見奉到初四日〇〇

寄諭兩道一剛毅奏南北洋機器局雜支太濫飭認真裁節一剛毅奏練軍缺額飭提空額解部並以前奉諭旨尚無切實辦法傳旨申飭

初六日晴 子儁商件戌刻接總署電言南宮有民教滋事案雖吾此間尚無聞見訪諸市間冀州郡似不為無因當電兩司迅速委員馳往查辦一面函屬提督梅東益酌帶小隊迅即前往彈壓解散即電復總署案情輕重不可知殊深焦慮亥刻又接總署電旅大租約船塢局房均兩國公用華洋船隻並泊師船勿移動即刻電視帥仲良知照視帥定明早拔營自坐福靖先赴營口布置。會總孫家鼐徐樹銘徐會澧文治

初七日晴 見客兩班少東諸君商日本租界事兩司電復南宮等

處安靜無事係山東冠縣民教滋事因此傳訛即電復總署○
轂帥電來言旅順宜作為通商口岸宋軍不宜移紮即據
日內情形復之
初八日晴 午前後見客兩班仍避風
初九日晴 見客兩班接總署咨湖南岳州福建三都澳屬福寧府界福安寧
德兩縣之間距省城陸路二百餘里 直隸秦王島屬臨榆縣 先後奏開通商口岸眉五
自旅順來
初十日晴 仲瀛銷假福建學政少詹王季樵錫蕃任滿回京介少東來
晤譚光可挹云與鈞兒舊識也傳相來電言英索租威海衛當
勢甚大現尚未允云英人狙伺已久挾不能不允之勢而來尚有何說

噫專差拜發正摺三件夾片二件。遵旨查明前署雞澤縣劉兆祥呈控各節據實覆陳摺。光緒二十三年下半年文代起數摺。景州民人周恁濤因瘋扎死親父訊明懲辦摺。駐紮庫倫營帶宣化練軍記名提督徐平川營務廢弛請革職片。膳房堡守備佛保奉派換防遷延隱匿請革職追繳領款片

十一日晴　早晚見客兩班仍避風

十二日晴　早晚見客三班印侯自杭州來儲妹自嘉定來

十三日晴　午前後見客一班兩起一仲瀛一洪翰香

十四日晴　午前見客一班午後勉甫少東先後見

十五日晴　午前見客一班午後見客兩起一苑生一孟翔辭赴漢河

十六日晴　午前見客一班午後勉甫少東同見

十七日晴　見客一班總署電德親王来華尚須進京此間又多一番酬接矣

十八日晴　見客兩班英領事司格達来見烟台報英兵船共到十九艘雲租威海衛聞亦允之矣傳言因旅大事將勒俄作通商口岸恐未必然也

十九日晴　見客兩班山東粮道桂月亭春押運北上又德領事艾思文来見本日又奉○○電旨催裁減兵勇覆奏未剛及一月明發○○寄諭○○電旨已三至矣

二十日晴　見客一班勉甫君牧均單見葉珠泉太守並挈其世兄自黔来津

二十一日晴　見客兩班小病纤纏幾及一月熱仍未盡鏡夫衡山復診之

二十二日晴　見客兩班

二十三日晴　見客三班　一起樓廣五　伯葵自婁抵津　下榻署中　由驛拜發

正摺四件夾片四件○懍遵諭旨裁減防營切實覆陳並懇俟

交涉事定再行舉辦摺○永定河凌汛安瀾摺○高騰麟飭赴清

河道任天津道篆委任〻驛署理片○查明軍金外銷各款據實

覆陳摺○創設畿輔學堂陳明籌辦情形摺○已故吉林補用道

李金鏞請於漠河金廠建立專祠片○前任天津縣蕭世本請

附祀曾國藩專祠片○漠河金廠委員陳其祥請仍以原保給獎片

二十四日晴　見客三班　玉華仲瀛接印天津道篆　同見孟孚自京回

津　記名總兵張用宏紹模由漠晉京引見過津　述近事甚悉

二十五日晴 見客三班 奉本日電旨裁減防營請俟交涉事定舉
行摺 蒙照請行 伯葵久談 閱電抄本日蔚庭放汝寧府可喜也
二十六日晴 見客兩班 君牧單見 伯葵赴京 眉五孟孚偕行 以得蔚
庭喜信也
二十七日晴 見客兩班 兩起 一子梅自通州來 一少東 奉二十六日寄諭一道
飭於保定設董軍粮台 甘提董福祥一軍奉旨調紮正定
二十八日晴 見客一班 下午君牧商件 譚廣生自湘回津 夜得雨寸許
春晴已久 頗資潤澤 專差拜發正摺三件 夾片一件 ○龔蔭
培請補涿州知州摺 ○李葆恂年滿甄別片 ○西渡審平谷縣絞犯
于葆濆毋庸查辦承祀摺 ○二月分雨水粮價摺

二十九日晴　見客一班　玉華單見

三十日晴　見客兩班一起　子梅辭回通州　英領事司格達來見　高壽農蔚光以候選道晉京來晤

閏三月朔日晴　新任法使畢盛抵津　彼此往還如例　少東商件是日始畫簽押房見客

初二日晴　見客三班三起　一廷郘民　一高仲瀛辭赴　一張粵渠委辦纖憑　清河道任　保定糧台

日本領事鄭永昌來見

初三日晴　見客四班一起　郘民　由驛拜發正摺一件夾片一件　○遵
○○旨設立糧台轉輸董福祥軍食並請借撥南漕以資開辦摺
○籌解鑾儀衛地租銀兩片　下午出門答拜郘民送仲瀛白姊

行天津道府衙门贺喜任署事潘到任是日换戴凉帽

初四日晴　見客兩班二起一郵民玉華 專家人張福晉京閂恭邸辭行一商件

病稟稿味荃代擬

初五日晴　見客兩班二起一飛霆管帶一少東 張子青相國靈櫬回李景新

南皮本日抵津泊薩寶實碼頭率同僚屬行公奠禮

初六日晴　見客兩班兩起一桂香兩霖赴一花農 李小坪以同知指分貴西道任

江西晉京引〇〇見晤談湘中近事

初七日晴　見客三班一起陸春江押 嘉定朱雲生鑑堂挈其子来津運抵津

癸卯年蔣師门下同窗也迴溯前因蓋五十六年矣

初八日晴　見客三班李小坪乃郎應駟来見魏伯房眉宇间有英爽

氣佳子弟也

初九日晴 見客三班 澄竔趁新裕回杭 將於明早上船 即晚送之 並
托攷長焜一切 錢伯麐之子魯山自嘉定來津

初十日晴 見客兩班 德領事艾思文來見 新換繙譯曰佛爾克 較之
古朋阿似近情 又京城中華銀行洋經理人郝士敦 華經理人馮
景夔 梁紹祥同見

十一日晴 見客兩班三起 一鄭芝岩押運抵津 一令省道余思詒辦張家口外電綫 一綦韓 運司
詳蘆商認領昭信股票四十萬兩

十二日晴 見客兩班兩起 一褚伯約奉諱擎春回籍 一少東

十三日晴 見客兩班 出門答諸伯約

十四日晴 見客兩班一起 石農 英使竇納樂出京赴烟台偕司領事来
晤增瑞庭將軍祺 赴福州任在火車站恭請○聖安時已亥初聞
恭邸病甚亟公義私情實深懸系奉到十三日○○寄諭一道 飭查
國聞
報館
十五日晴 增將軍来晤 飽談又見客兩班一起 勉甫 午後赴紫竹林答
增將軍並順道答客芝 聞出京到津仍下榻署中午閣大挑得
二等亦於本日回津 朱雲生 趁泰順旋鄮
十六日晴 見客兩班一起 少東商日本租界事 德國親王 國王胞弟 来華○○覲見○
朝廷輯睦邦交優擬接待禮節令韶赴塘沽迎候乘火車送
至楊村聞將於二十四五抵津云 来時由塘沽徑直赴京 去時在津小住兩三日

十七日晴 見客三班 一起瑞第侯 總署電海使並稱總親王於二十三日
由塘沽登車徑赴京史領事函致關道亦云然恭邸病情三日
來並無所聞冀其漸有轉機也
十八日晴下午陰微雨 見客一班 專差拜發正摺四件夾片三件 ○查明
營口練軍支銷柴草銀兩並無浮冒仍請照案核銷摺 ○遵
旨辦理昭信股票先將官領及蘆商認領銀數奏報片 ○
東海關第一百四十五結至四百四十八結止一年期滿洋稅收支報銷摺
○東海關第一百五十結洋稅收支數目摺 ○長蘆本年正課奏銷
請緩至十月辦理以恤商艱片摺 ○武毅軍派員出口買馬請 ○○
飭部給票免稅片 ○上年直屬被水災區辦理冬春賑撫請勳

撥地糧銀數片

十九日晴　見客一班一起　少東　穆孫赴奉天

二十日晴大風　見客兩班一起　部民自京迎養赴署暫住　德副領事佛爾克來　鈺孫於海防新捐案內報捐知府分發本日赴京在部呈明離署

二十一日晴　見客兩班三起　江陰陸春一　君牧　一幼愃　應季中出京回籍　又嘉定金恆卿善餘自滬來謁　堂姨母之嗣子與來亦有所商擬每年送以郎束脩之資十二千以十年爲度毋黨親戚無多未敢漠視也

二十二日晴大風　德使海靖來晤　出京迎接伊國親王也　下午俄領事書思齋見少東偕道府縣午刻赴塘沽候德國親王　至沙外前往迎候　遵總署來文也　午前風甚大　下午稍殺　至晚風又大作　適

逢其會心竊系之

二十三日晴 卯正乘火車赴塘沽接德親王已刻到送至楊村時方午初

總署來文如此也天津羅稷臣鎮送至馬家堡未正二刻回署小睡甚酣鈺孫

來稟昨詣恭邸請安，文出二十二日醫方一紙屬令寄津病情日有

起色可慰也

二十四日晴 見客兩班俞廙軒方伯廉三由晉調湘8陛見出京來晤

季中辭行趁泰順南歸日來冗甚若兄處竟未及寫信也午前

代理稅務司達閣文來見下午日本領事鄭永昌來見

二十五日晴 見客兩班一起少東戶部員外郎汪朗齋玫炳起服晉京

四川人庚辰庶常也手複梧岡書商調補天津縣缺

二十六日晴 見客兩班一起 花農商漕運事 賡軒辭行赴湘香帥奉。。
名北行昨抵上海因沙市出有交涉重案奉。。電旨抄折回
本任
二十七日晴 見客一班兩起一功亭自蘆台來一春江辭赴通州 委吳春生會同天
津府縣勸辦天津貽信股票靜青滄三屬委盧令紹轅南鹽
慶三屬委嚴令祖慶其餘各府州屬均由藩司委員會同各
該地方官辦理
二十八日晴 見客兩班兩起一勉甫一樾元 專差拜發正摺四件夾片
二件。遵。。旨設立甘軍粮台謹陳擬辦情形摺。漢河查案
片。檄委兩司代勘秋審片。津海關第一百五十結期滿洋稅

收支數目摺○已故宣化鎮總兵王可陞戰功卓著懇予恩優卹摺○三月分雨水糧價摺 鈺孫自京回津於春明近事頗有所述

二十九日晴 見客兩班兩起 一吴佐周 一龔燮臣其寀會試回 毓兒
自京来一籍鳳台之次子也

三十九歲生辰因回杭極即兒輩為之預祝四旬循俗例也

卅

庚子

(18)

額曰燮緯調
序六朝人文正
黃扉而燮五
緯攝青幃而調
四序

光緒二十六年歲次庚子正月戊寅元旦甲辰 七十一歲

初一日晴 卯初入直卯正二刻入對見面叩賀 新禧 蟒袍補褂染貂冠 ○○皇太后賞紅緞平金荷包一內盛金銀八寶等十二件 ○○皇上賞用寶福字又手賜黃緞平金荷包一內盛金銀八寶等十八件 均隨領隨謝是日以三旬萬壽慶典加○○恩 文韶蒙○○賞加二級並○○御書匾額一面與○○御前四王那慶克端及樞垣禮邸榮相同剛啓均花翎趙帶膝貂褂碰頭謝 恩退出後往穗昌門外站班 又手賜荷包一盛銀錠二顆 辰初進內巳初○○皇太后升○○皇極殿受賀在皇極門外行禮 朝衣本色貂褂不帶膝 巳初二刻○○

皇上升乾清宮受賀在门内甬道上行禮蟒袍補褂染貂冠禮畢回寓特方午初今年較早是日未出门

初二日晴 卯正入直巳初入對一刻五分午初散直出福華门至禮慶莊恭各邸由北而東而南順道拜年到二十餘家未初至總署有旨飭查事件也回寓小憩酣不可言

初三日陰風大 辰正二刻入對一刻巳初二刻散直本擬就近拜年因風太大僅就歸途順拜數家接楨兒臘月十六日安稟蘭言二文來

初四日晴 辰初詣萬善殿南書房跪春進春帖子隨眾賞下綢緞等件辰正二刻入對見面磕頭巳初三刻散直出福

華门至西城拜年由西而北而南而東到二十餘家在伯癸處少坐未初回寓 蒞春例賞福方四張各色絹箋二十張湖筆十枝硃墨八條本年無硃墨多絹箋二十張共四十張筆十枝共二十枝照大學士分例也

初五日晴大風 辰正二刻入對將及刻 巳正一刻散直東華门外就近拜年數家景周患喉症急而且險徵醫覓藥舉室惶惶不勝焦慮

初六日晴 巳初一刻入對將及刻 巳正三刻先散至戶部詣福德祠行香年例於正初次到署各堂訂期同日咸集也景周病漸

有轉機電仍廣生来主持醫藥

初七日晴　辰正二刻入對一刻巳正二刻散直仍就近拜年沈子梅觀察自通州来久談本日忌辰適值孟春時享齋戒期内見面仍穿帶膝貂褂挂珠以禮節應穿常服不挂珠而近年○内廷相沿如此未可據為典要也

景周喉證頗有起色心神為之稍定

初八日晴　辰正三刻入對一刻五分午初散直廣東陸路提督張蘭階春發奉○○召到京来晤人甚樸實無軍營浮夸習氣又見客三起許子沅世丈鄧佐卿良成孫麟伯鍾祥佐卿將談相前来賀壽見同兒以為有異欲仔細一看語多吉祥未来事殆不足信也

初九日晴　巳正入對一刻五分　午初二刻先散　至總署　各國公使來賀年　次總稅務司　次總主教　酬酢紛紜　不勝其累　申初歸　小憩　酣甚　是日各部院堂官到者二十餘人

初十日晴陰微　巳初入對許刻　巳正二刻散直　午後客來　絡繹應接甚煩　本日皇太后千秋節　見面穿蟒袍補褂　別無禮節

十一日陰　巳初二刻入對將及刻　巳正一刻散直　答拜醇親王載灃　有旨在內廷行走　昨蒙先施　亟應專誠趨詣也　景周病危而得安　實為至幸　惟德官染恙甚劇　為可慮耳

十二日晴 巳正入對一刻 午初三刻散直出西長安門 奠松壽泉淮

夫人歸途拜客數家

十三日晴 辰正三刻入對二刻 巳正三刻散直回寓小憩未正出城拜年到四十餘家 伍翠蓉處少坐 喫茶進城已酉正矣 本日見面穿蟒袍褂貂褂帶膝 上元節例穿花衣三日明日忌辰故提前一日

十四日陰 巳初入對一刻 巳正三刻散直下午見客一班 敏壽 錢鋆 瑞瑩 鄒鴻誥

上元節晴 辰正二刻入對一刻五分 巳正一刻散直 午後到總署 是日見面穿蟒袍補褂別無禮節

十六日晴 花衣第三日〇聖躬欠安感冒 是日内外摺均無事

未叫起辰巳正三刻散直午後見客多起 魏杰 英琦 李永元 周兆黄 劉君勇 高壽農 香孫来談

十七日晴 聖躬小愈仍避風未叫起巳初三刻散直午後見客三起 何七世兄政祥鄭建民自天津来 壬子年侄鄒錫臣鴻誥自濟寧来

十八日晴 聖躬痊愈巳正入對一刻巳正三刻散直 王灼棠中丞新授皖撫到京来晤久談又見客兩起 吴蕙吟 夏厚菴 厚菴并代購得舊板臣鑒錄一部可寶也

十九日晴 巳正二刻入對一刻五分 午初二刻散直 豫錫之同年来久

談景萊開館

二十日晴巳初三刻入對一刻五分各國使臣賀年〇皇上御勤政殿照例站班午初二刻散直前约廣生來主持棠周醫藥旋亦染病十日始愈明日回津此行未免貽累殊歉然也

二十一日晴巳初二刻入對一刻午初二刻散直忌辰無客小憩大酣

二十日換白風毛褂染貂冠 補記

二十二日晴巳初入對一刻巳初三刻散直未正總署筵宴各國使臣〇覲見賀年後年例有此禮節也回寓見客兩起俞澄甫昌宇自天津來仲芳杏孫同来商加稅事宜洋貨

二十三日晴 巳初入對一刻六分 巳正二刻散直午後見客四起 瑞景蘇 孫慕韓

易實甫 連仲琳

二十四日晴 巳初二刻入對一刻五分 午初二刻先散偕剛相赴内閣考

試語達以工部主事聯泉擬正刑部主事玉泰擬陪定期

帶領引○○見本日奉○京察○○恩旨得優叙京官軍機外

大學士徐桐議叙外官署廣督李鴻章江督劉坤一均優

叙直督裕祿湖督張之洞川督奎俊滇督崧蕃均議叙餘皆

照舊供職○昨日名見呈遞上三屆成案面承此○○旨諭明日

再述當即碰頭謝8懇紀此備考○河冰漸融冰牀不能行本

日起坐二人肩輿至橋頭

二十五日晴 巳正二刻入對一刻許 午正三刻先散出城補拜年並荅王灼棠中丞申正進城伯葵来談

廿六日陰下午微雨 巳初三刻入對一刻十分 午正二刻散至戶部 徐蔭軒相國為長曾孫完姻賀之是日三品以下京堂引見見高燮曾張仲炘均原品休致餘照舊供職 入夜微雪不及寸

廿七日晴 巳正入對不及刻 巳正三刻散直榮伯衡銓新授浙江臬司到京来晤下午至總署

廿八日晴 巳初二刻入對將及刻 午初散直午後見客三起崇受菴寬見辭赴○○

盛京禮部侍郎任徐友梅世光天津人山東候補府明保
到京引○○見王書年嘉禾二班帮領班新授潮州遺缺府
廿九日陰　巳初一刻入對不及刻　巳正散直午後至總署竇納樂来
二月朔日晴　昨晚自戌刻至寅刻得雪將二寸頗於時令農田均資
潤澤　巳初入對不及刻　巳正一刻散直出後門祝瀅貝勒四旬賜
壽就近送瑞景蘇行時將赴科布多參贊大臣任知其光
景甚難且身弱累重爲之惻然以二百金贐之下午小睡甚酣
初二日晴　巳初二刻入對一刻　巳正三刻散直午後至總署回寓
見客二起　黄幼農辭行　易實甫閒話
初三日晴　巳初一刻入對一刻十分　巳正三刻散直太倉會館團拜席設

翦雲草堂具柬相邀昨佩鶴復來面訂誼不容辭未初赴之
共兩席進城將酉正矣
初四日晴　巳初入對一刻五分　巳正二刻散直下午至于公祠送味荃行
初五日晴　巳初入對一刻許　巳正散直至户部　味荃來辭行　杏孫委辦
紹興電報局何衡甫世兄政祥來談
明日準行
初六日晴　巳初一刻入對一刻五分　午正二刻散直見客二起　吳子和太史煦　錢襄和大令昌瀾　吳保山人楚生之本家　錢常德優貢江西知縣解餉來　蘭言五十誕辰昔日髫齡今已半
百矣駒光真如駛哉
初七日晴　巳初一刻入對二刻　午初二刻散直下午至總署河冰已

解本日起照常坐船本年京察一等章京初次引見

圈出九十二人

初八日晴 巳初入對一刻五分 巳正一刻散直午後見客三起章幼樵樾到京引見

見王發甫文岑雲陔勸集浙賑銀二千兩

又曉騎營練兵營翼長候選知縣胡玉瀛

初九日晴 巳初一刻入對二刻 巳正三刻散直午後到總署羅仙樵

就張軍門春發之聘辭行張赴淮徐練兵與陳雨人廉舫各

招十營夜微雪

初十日陰微雪 巳初入對一刻十分 午初散直四川潼川府河子祥麟來

見由戶部外放卓異到京引見

十一日晴 巳初入對一刻午初散直至戶部 春寒如九裏天往年所未有也

二月十二日晴 巳初入對慶典加恩年逾七旬老臣蒙〇〇賞太子少保銜當即碰頭謝〇〇恩中外文武一品大員同霑〇〇優賚計現任致仕共十八人亦曠典也午初二刻散直仁錢館春祭恭詣主祭團拜飲福共到二十餘人同兒輩孫隨往館中西院後屋有老桑一株年來喧傳産有靈芝總在六七月間初不之信今諦視之果然芝也同鄉咸以爲鄙人入閣之兆是則不盡然耳

十三日雪 巳初一刻入對一刻十分 具摺謝〇〇恩 午初三刻散直 是日得雪寸餘 見客三起 李季皋王少東會釐杏孫各有事詢商皆冒雪而來也〇親王團龍補兩正兩行

郡王四行貝勒兩正貝子兩行公侯伯斗牛方補子麒麟男子獅猴

十四日齋 巳初一刻入對二刻午初三刻散直午後至總署伯文夫

人到京 看景周病 暨撫王毓藻病故鄧華熙調黔撫毓賢調山

西撫袁世凱補山東撫

十五日晴 巳正入對二刻午初二刻散直見客四起 毓佐臣許沅丈聶時雋秦佩鶴

十六日陰 尚有雪意 巳初三刻入對一刻十分午正二刻散直至戶部京察二

次引○○見記名六十五人 滿漢收 滿員較往面稍少 戶部滿十一缺記五人寶棻

鍾潤如銓恆康穆特恩漢六缺記四人劉宇泰金文同陳宗

嬀淩福彭内閣侍讀圈出靈椿英華楊樹劉振鏞滿漢

京察優叙部議加二級二十日奉○○旨

各二人同鄉戴青來兆春吳炯齋士鑑均記名翰林院 夜得雪二寸餘

十七日霽 巳初一刻入對一刻五分 午初一刻散直 下午盍總署

十八日晴 巳初二刻入對一刻十分 巳正二刻散直 見客兩起 樂伯衡辭赴浙臬任 汪君穆自天津來 慕韓有事到京 下榻寓齋

十九日晴 巳初二刻入對二刻 午初先散 盍戶部 夏子松少宰七旬冥誕 厚葊在長椿寺唪經 前往一拜 歸途答客 回寓 張副將士翰候見 杏蓀來商加稅辦法奏稿

二十日晴 巳初入對刻不及 二刻散直 下午盍總署

二十一日晴 巳初三刻入對一刻十分 午初一刻散直 榮仲相誕辰 溥玉岑祝

請迎妝寶湘石葇嫁女均賀之順道答客下午小睡酣甚厚齋來談

二十二日晴　巳正二刻入對一刻午正一刻散直見客四五起周瀚如浩注君穆潘子儁陳善彬仙乃郎夏詒垣錢昌瀾祝少棠　本日換洋灰鼠一套

二十三日陰　巳正二刻入對刻不及午初三刻散直下午答拜敬止齋至

總署回寓後微覺畏寒渾身痠軟請太醫張午橋仲元開方服之

二十四日晴　昨晚感冒發熱通融一日未入直午橋來復診

二十五日陰　感冒小愈照常入直巳初三刻召對一刻五分午初散

直未出內亦未見客稍資養息本日奉　懿旨諭於三月

間擬駐蹕　頤和園八月間當幸　南苑看操

二十六日晴大風 巳初二刻入對一刻午初散直竟日風狂似虎仍未敢見客

傍晚杏孫便衣來晤。展如言春風狂似虎下句爲春浪

白於鷺真廬所見確有此種光景知古人下語無一字無來歷也

二十七日晴大風 午初二刻入對二刻許未正三刻散直憊甚

二十八日晴 巳初入對不及一刻巳正二刻散直午後至總署 賓納樂來 酉刻

楨兒自杭來京前昨兩日燕台以南無風據云往還渡海七次此

次最爲平穩也

二十九日晴 巳初二刻入對不及一刻巳正散直至總署 奧使齊幹辭行回國 回寓

見客一起 左子異隨峴帥北來。本日見劉峴帥謝。賞宮保銜摺

内有五十日三拜 殊榮之語指 賞壽京察宮銜三項也
展如戲謂余乃八十日六拜 殊榮益前三項與峴帥同並
協辦講官 賞匾兩次也八十日者六項中 賞壽最先為冬
月二十日宮銜最後為二月十二日也錄之以紀 恩遇
三十日晴 巳初入對刻將及 巳正二刻散直下午見客二起錢琴齋德培蒯
小農先散 又北檔房湖廣司回事
三月朔日晴 巳初一刻入對刻將及 巳正一刻散直見客一起易實甫 〇
本日換灰鼠一套大風徹夜起早時尚未息也
初二日晴 巳正入對刻不及 二刻散直下午送輿使齊幹 行昨日劉

峴帥任筱帥同日到京均駐寓靜默寺散直往候各晤談有頃

峴帥今日請8安筱帥明日請8安

初三日晴 巳正入對一刻午初二刻散直彭援南韶連鎮馮義和號春泉来

見〇筱帥請〇〇安有〇〇旨年近八旬精神強固8加恩賞御筆

壽字一方蟒袍一件亦殊寵也

初四日晴 午初入對一刻五分午正二刻散直見客三起王灼棠中丞辭行 又華任玉

随乃翁到京又韓參將廷貴又到京引8見下午到摠署任筱園親家来拜未值

初五日晴 巳正二刻入對一刻午正二刻散直劉峴帥来晤余石生

九穀辭行赴蘇總理衙门團拜 公請 湖廣館申初赴之酉有戲

正進城慶甲留看燈戲

初六日微陰　巳正一刻入對一刻十分　午初散直往後園視家來暢談

又杏孫仲芳商件　○○皇太后○○皇上明日赴頤和園駐蹕

料理隨行亦頗碌碌戶部各司處回事畫稿者絡繹不絕

初七日晴　巳初入對不及刻　二刻散直收拾一切赴園出德勝門走十刻　仍住戶部

公所

初八日晴　卯初刻起卯正入直巳初三刻○仁壽殿召對一刻　午初散直

見客一起章幼樵越辭回奉天

初九日陰　巳初一刻入對不及刻　二刻散直新授永定河道彥詠芝秀

來見頴芝三弟

初十日晴　巳初一刻入對刻許　巳正二刻散直　楨同兩兒來

十一日陰　巳初入對一刻　巳正二刻散直　慶甲來　楨兒回城　夜微雨

十二日霽　巳初二刻入對一刻　巳正三刻散直　福建司回事　樹録臧一查

十三日晴　巳初入對見面碰頭謝8恩詒加級紀録恩二刻散直　鈺孫

同慕孫來　當日回城　慶同偕歸　孝孫到園謝8恩　即留便飯

十四日晴　巳初一刻入對一刻不及　巳正散直　高熙亭京卿來久談　由陝安道

開缺以四品京堂候補廷　弘德殿行走　筱園親家明日請8訓　下榻園寓　李玉坡來夜談

十五日晴　巳正入對一刻五分　午初一刻散直　桂月亭閣部來晤　本日奉〇

○旨出使俄國代楊子通儒 筱帥請。。訓事畢即日回城因以話别恐行期

在邇不及走送也慶甲 進城

十六日晴 巳初入對一刻 巳正散直荅高熙亭倫貝勒借寓公所彼

此往来一通款曲江蘇知府崔毅堂彭来見又易實甫見談本

日换羊皮冠黑絨領珍珠毛袍褂一套

十七日晴 巳正入對一刻五分 二刻先散 長媳定於十九日回杭進城一看

進西直门亦走十刻

十八日晴 卯寅初赴園仍出西直门至公所小坐即赴直巳正入對一刻十分 午

正散直熙淑莊敬出缺子良調吏尚止齋調兵尚豫甫升户尚

下午峴帥来辭行久談豫甫来晤又見客四起錢敬齋穗培辭行薛次申

華培自金陵来易實甫分發浙江知府蕭林衡文昭善化人 本日換毡冠藍絨領棉袍褂

十九日晴 巳初二刻入對一刻五分 巳正二刻散直見客一起薛次申

二十日晴 巳正一刻入對刻許 午初二刻散直荅豫甫少坐下午見客五起

新授貴州提督梅必銘東益雲南糧道英莪鄰林奎內閣侍讀

新授山西朔平府英華又易實甫薛次申均辭回金陵

二十一日晴 巳初二刻入對一刻十分 午初二刻散直見客一起江蘇候補道倪萊衫世熙豹

叅同年之長嗣 本日換絨帽月白緞夹領

二十二日晴 巳初三刻入對刻許 午初散直見客一起前獻縣錢亮臣錫宷

二十三日晴 巳初入對不及刻 二刻散直戶部送畫堂期稿四百餘件覔

見客一起坐粮廳增清國學一等○○記名明日預備○○名見

二十四日晴 巳初三刻入對一刻不及午初散直見客一起董子珊太守毓琦杏

孫来夜談 本日換戴涼帽

二十五日晴 巳初二刻入對一刻巳正二刻散直杏孫来談又見客一起

福建司主事劉必輝·

二十六日晴 巳初三刻入對二刻午初一刻散直本日戶部值日各

司處赴園回事者一時全集歷四五刻始了見客二起沈退菴永

年令胡賓周均到京劄召見 杏孫来商件

二十七日晴 巳初一刻入對刻餘巳正二刻先散進城奠郡王彥圖福

晉申初抵家，畧〻清理瑣事亦頗碌〻

二十八日晴　丑正起寅初即行出西直门至公所一轉即赴直巳初二刻入對刻不及　巳正散直北何候補同知廷燮來見下午榮相足疾大發兩日未入直先已陸續請假二十日銷假纔七日也　下午赴園寓候〻情形甚為狼狽擬再請假十日屬告同人

二十九日晴　巳初二刻入對一刻　巳正散直見客三起李玉坡孫慕韓鄧循卿恩成

四月朔日晴　巳初二刻入對二刻　巳正二刻散直見客一起保定營參將韓廷貴

彬孫來園寓　冲妹來夜談　榮相足疾大發劇甚請假十日

初二日晴　巳初二刻入對刻不及　巳正散直見客二起潮州遺缺府王書年嘉禾

辭行直隸候補道趙宗縣　鈺孫来省即回城

初三日晴　巳初三刻入對　刻許　午初散直　見客四起　廣西候補道劉銕緝號元白明保到京引見　見峴帥之胞姪前休致四川彭縣羅雲碧奎樂帥保舉送部引見　見沈退菴鄧稽卿拘明日引見稽卿留宿公所

初四日晴　巳初三刻入對　一刻十分　巳正三刻散直　杏孫仲芳来商洋貨加稅事　又見客一起　江蘇知縣金敏生杭州人　四五兩兒来

初五日晴　巳初二刻入對　一刻　巳正散直　見客一起　福建海壇協副將陳尚新　杏孫仲芳同見　慶甲並妙峰山燒香

初六日晴　巳初三刻入對　刻許　午初一刻散直　見客五起　馮仲梓光遹新授陝臬到京　福建補用道陳文叔同書　潘子儁　沈退菴　德曉峰　退菴開復原官發往山東差遣委用　慶甲自妙峰

山回圜寓

初七日陰　巳初二刻入對不及刻　巳正散直午後四五兩免回城

初八日陰　巳初三刻入對不及刻　巳正三刻散直午正進城　換夾袍褂一套　賞緣荳浴佛日年例　夜大風驟雨達旦未已

初九日風雨　丑正起寅初行迎風冒雨輿中甚冷卯正抵圜寓少坐即上直巳初一刻入對不及刻　二刻散直風雨竟日　農田望澤正殷屢經設壇祈禱獲此甘霖人心大慰　聶仲芳見辭明日請呂訓即行

初十日晴　巳初三刻入對刻餘　巳正二刻散直趙仲穀欵詒　見香綠

夜談明日請○○訓 福建候補道陳文炳同書來見重出
十一日晴 巳正一刻入對將及刻 午初二刻散直 立豫有來商件 杏孫丞
座又見客二起周瀚如告左子異孝同明日引○見 慶楨以昭信股票移獎請以道
員分發直隸試用明日引○見今日宿園寓 泰臣子谷同來
十二日晴 巳初二刻入對將及陳刻 巳正二刻散直 杏孫見辭 又見客一
起分發四川試用道吳粒唐昌曇湖南龍陽人 子谷回城 汪建齋服滿到京候選見
十三日陰 巳初入對不及刻 二刻散直見客二起雲南鹽道普達泉律侔滿引○○見左
子異以道員分發浙江明日謝○○恩
十四日晴 楨兒以道員分發直隸具摺謝○恩 巳初入對見面碰頭

楨兒亦循例謝◦◦恩奉傳十七日預備召見巳正散直江蘇候補

道程雨亭儀洛来見明保到京引◦◦見山陰人東南諸大老交相論薦一

時無出其右者

十五日晴辰正三刻入對一刻巳初二刻散直

十六日晴巳初入對一刻巳正散直沈退菴辭行赴山東楨兒鈺孫

泰臣景周同来

十七日晴巳初入對一刻述◦旨後至仁壽殿南配殿覆看考試

試差卷拆封開單進呈午初三刻散直楨兒預備◦召見尚

無隕越即日回城

十八日晴 巳初一刻入對刻餘 巳正一刻散直
十九日晴 辰正三刻入對一刻五分 巳正散直 左子異〇〇名見 本日預備 午後進平
直門奠郾溆荘敬謚恭慎 申正抵寓 仲山来談北檔房回事 夏
享奔明日引8見補主事缺 留宿公所 是日換单袍褂一套
二十日晴 丑正起 寅初行 卯初三刻至公所 一點鐘即赴直 巳初一刻入對刻許
巳正散直見客三起 任肖塘子齡以道員分發湖北 劉達泉式通以江
蘇道員引〇〇見 韞齋師之孫玉文峰恆由黔
臬升奉天府尹 由禮部軍
機外放 執舊屬禮甚摯
二十一日巳初一刻入對刻將及 巳正一刻散直 楊森甫一鵬之子覲文
来見騐之

二十二日晴巳初入對一刻五分二刻散直見客四起毓少岑隆玉岑長嗣徐小松吳勳仲田乃郎陶佩卿式鋆王孝禹瓘均分發直隸知府

二十三日晴巳初入對刻將及二刻散直譚文卿到京來晤久談巳丑湘中一別又十年餘矣又見客三起許竹篔王季遶連冲姓

二十四日晴巳初二刻入對一刻午正散直譚文卿本日請安見面下午來談

二十五日晴巳初二刻入對刻餘巳正散直荅譚文卿少荃錫侯制軍到京來晤久談又見客二起徐花農夏用卿清秀殿撰同龢綸本日換實地紗袍褂一套◎太后賞紗葛四卷◎皇上賞紗葛

五卷見面磕頭　鈺孫来

二十六日晴　巳初三刻入對一刻五分　巳正三刻散直　馮仲梓辭赴

陝臬任　伯葵来下榻公所　二十八日大考差也　譚文帥留

京當差　合肥補兩廣督

二十七日晴　巳初三刻入對一刻　巳正二刻散直　答崧錫帥　談鄧小赤

中丞到京来晤由皖調晉由晉調黔　夜雷電有雨意旋散

二十八日晴　巳初二刻入對二刻　巳正三刻散直　調補戶右　華祝軒一號銅士

全壽来晤辛亥有年誼　鄧循卿明日引　見由戶部帶下解鉛勞績

榻公所　復筱園親家書　皇上賞紗葛十四卷　帽緯一匣

見面磕頭

二十九日陰　巳初三刻入對一刻　巳正散直　答鄧小赤同年未值　是日

戶部帶領引○○見

五月朔日陰　巳初二刻入對一刻許　巳正散直　回寓小憩　午正進城料理

節事　傍晚雨　亥初止

初二日霽　巳初入對一刻　午初散直　是日比利時國公使姚士登覲

見○○皇上御玉瀾堂　因直務未畢　不及見　到班　夜小雨

初三日晴　巳初二刻入對　蒙○○恩派充國史館副總裁　碰頭

謝○○恩　午正散直　李玉坡來閒談　並送閱謝○○恩摺

初四日晴　巳初入對一刻　巳正二刻散直　二班滿領班如全特圖

慎補常卿來拜晤談　又徐小松來　四五兩兒到園寓

端午節晴　巳初入對不及二刻散直　○初三日明發現遞內加

○硃筆三句原件發抄　次日見面繳　○硃筆磕頭補記

初六日晴陰　巳初一刻入對刻五分　巳正散直　見客一起　湖南餉員劉錫禧馨室乃郎

初七日陰　巳初三刻入對餘刻　午初二刻散直　吳經才緯炳得雲南

正考差辭行　鈺孫來　四五兩兒同歸

初八日晴　巳初二刻入對一刻五分　巳正散直　展以石印宋搨九

成宮貽四五兩兒各一本

初九日陰　辰正三刻入對　皇上欠安即在玉瀾堂寢宮見起是日

慶邸在總署會晤英使有　旨交派　命即進城傳　諭

巳正散直午初進城徑赴總署俟會晤畢回城寓已酉正矣

初十日晴　丑初二刻起丑正三刻行　巳初一刻入對二刻五分午初二刻散直見客一起　前署天津呂令增祥

是日榮相銷假

十一日陰　巳初一刻入對慶端兩邸同見三刻五分　向奉　諭旨定十

三日回鑾午初散直見客三起　武岡州毛隆章　已革福建候補道楊汝翼　前高州鎮余虎恩

換芝地紗一套近因義和拳匪徒四處滋事人心搖惑勢甚

洶洶初九初十兩日展如子良先後奉　旨赴保定查辦事件

十二日陰 巳正三刻入對一刻五分午正三刻散直鄧循卿良成辭行回貴州

彬孫回城

十三日晴 辰正二刻入對一刻十分巳正二刻散直巳正回城竹賓來談

是日見面穿蟒袍補褂臨期傳○○旨都未預備匆促借用頗形忙迫余却帶在公所追取到已進內矣○○皇太后○○皇上午初回鑾

十四日晴 寅正一刻進內巳初三刻入對三刻五分未初散直下午盍總署

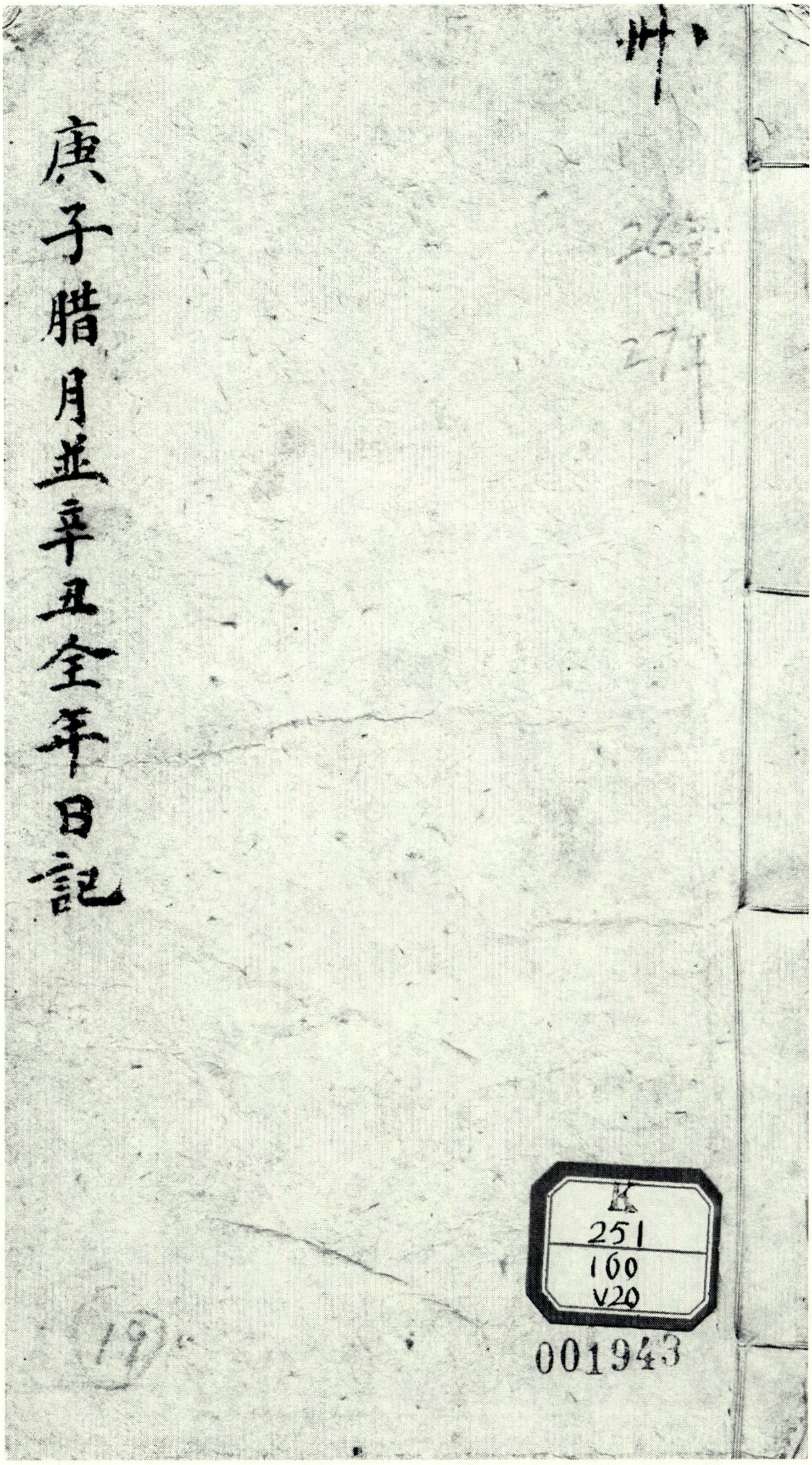
庚子腊月並辛丑全年日記
251
160
V20
001943

庚子十二月

初一日午前雪後霽 巳初二刻入對 是日無事 見面後即散直 送魏午莊制軍行 時將赴滇督任 少坐話別 下午見客三起 同人集資寄在京諸同鄉卒歲 余捐助銀一千兩 復任筱帥信

初二日晴 入對一刻五分 午初散直 沈潔齋觧廣東貢来 徐衡山奉委坐探廣軒並有信 又見客一起

初三日晴 午正散直 鹽道黃少川澤厚調署延榆綏道辭行 又見客二起 桂月亭 易實甫

初四日陰微雪 午正散直 賞冬笋、鯗魚等食物並鄂貢一角小銀錢二百元見客一起馬安良 湘戈什劉耀光自清江来

初五日陰 巳初一刻入對見面磕頭午初一刻散直滋帥来談沙市至漢口綫阻不接京電者五日矣

初六日晴 巳正散直見客一起陳世兄兆瓚號亦漁 賞金橘、脯一磁瓶

初七日晴 見面磕頭午正散直見客二起駐英羅使豐禄電報英君主維多利亞病故在位六十餘年即女主也沙漢電綫今日始通

初八日晴 賞臘八粥見面磕頭未正散直孟孚自汝寧到陝戊戌夏間

一别手采如舊述悉寧署平安殊以爲慰

初九日陰 賞野猪黃羊等三種 庫倫例貢 見面磕頭奉 諭除節賞及憲書藏香等年例外以後凡隨時分賞食物均毋庸磕頭 未初散直

初十日陰 入對三刻五分 未初散直 潔齋來談 又見客一起 沈觀察 錫周 以分發道員經張香帥明保引見 湘中舊屬也 惲菘耘中丞聞訃丁内艱 浙撫 簡 余聯沅署理 本任湘藩 尚在上海道任

十一日陰 午初散直 接彬孫冬月初二日安稟 戶部司官 銅盛帶

来喜雀胡同近鄰也述京寓情形甚悉善星垣於初八日在福州將軍署任內作古是日尚有遺電致榮相及余年未五旬拳拳忠愛可惜也

十二日霽 午初散直○○賞蜜製桂元荔枝各十筒見客二起一陳鷺賓奉調到一黃履中辭赴陝潼關外修道○湖北布政使放瞿廷韶

十三日晴 入對四刻未初散直本日外摺多至三十七封內請批十二件見面十九件電奏在外亦向來所未有也○湖北按察使放李岷琛 復劉峴帥信

十四日陰　午正散直　易實甫來　又見客兩起湖北河南解餉委員　晚酌潔齋孟孚廚房例菜借以敘談而已○福州將軍放景星鄂樵放聶緝槼蘇藩放陸元鼎陝藩端方汴藩延祉對調江西糧道放劉心源成都府升　復張香帥信謝送絲綿地圖筆墨等件

十五日陰　午正二刻散直○賞哈密瓜哈密回王例貢　見客三起○江蘇按察使放誠勳甯紹台道升　成都府遺缺放鍾潤戶部京察　左都御史張百熙派充頭等專使大臣赴英國唁賀

十六日晴立春　午初一刻散直潔齋辭行○賞元宵　浙江甯紹

台道放春順江西鹽法道調湛泉自三原来

十七日晴 年例8賞尺頭大卷六小卷二見面磕頭巳正三刻散直見客二起一新授雲南遺缺府覺蒙一胡揆甫湘林現署陝藩欽天監奏十一月二十七日巳午兩時日暈上有抱氣再上有戴氣兩旁有抱珥占以此論之當有奇驗其國有喜今野陝西西安府國勢危弱極矣天心其庶幾悔禍乎

十八日晴 巳正散直孫燮臣同年奉日抵陝来晤又見客三起一子倫貝一蔡錦堂一譚誠伯燈下復任筱師書璧年敬以太原途次曾曾蒙厚貺不敢再領也

十九日晴 午正散直見客一起向世清江西偏員淇泉夜話明日回三

原8賞宣威腿四肘並竹孫等各種食物貴州貢品也

二十日晴 午初一刻散直見客一起四川知府王懷馨明穗明保引〇〇見 荅變臣黄、

同年晤談有頃順道謝步十餘處回寓已上燈矣8賞羊

二十一日晴 午時封印未正散直見客三起魏景桐自甘肅午帥調赴雲南啟約自福

建解貢来許靜山珏自江蘇本籍来

二十二日陰 巳正二刻散直見客四起胡揆甫孫温如多玢伯燊之壻良弼臣説仲華之姪福齊府

嚴子猷良勳 又吴杉香自龍駒寨轉運局回省管士修柯鳳笙劭忞

自醴泉咸陽放義賑回省先後晤談一切
二十三日陰 午初散直譚芝雲世兄來談接杏孫冬月廿四日信緻
進8敬天勤民8御寶（玉寶）係以三千金購自洋人者8賞哈密
新鮮瓜兩枚 杏乾葡（萄）香梨新疆貢品也
二十四日陰 巳初入對將四刻午正見第二面未正散直連日以懲辦首
禍事深費斟酌理為勢屈事與願違天理國法人情三者皆
無可用惟有長歎息而已
二十五日晴 有懲辦首禍8諭旨為力顧大局計不得不出於此真

無可如何也未初二刻散直見客三起葛振卿蔡錦堂丁衡甫銓部寶銓山陽頓伯仲山〻胞姪
8賞燕窩蓮子桂元荔支牛奶洋蜜餞武彝茶福建貢品也

二十六日晴 入對三刻午初二刻散直回寓小憩下午出門答客計七處 是日見面後88皇太后8皇上各賞福字一方

二十七日陰 入對四刻見面磕頭午初三刻散直見客二起河南貢員周雲義賑紳士劉樸生鍾林江蘇寶應人 88皇太后加賞壽字〻一方白綾絨繡
88御筆山水一幅 世續廿禮尚阿克丹廿理尚貽穀廿兵左薛允升廿刑尚戴鴻慈廿刑左

二十八日陰 入對三刻見面磕頭午正三刻散直花衣第一日

二十九日陰 午正散直料理年事亦頗碌碌趕做帶膝貂褂一件緣

榮相本服此（作）時滋邸又蒙○賞穿三人不能不一律也

除夕陰 午正二刻散直懲辦首禍各國未滿所欲挾制恫喝無

所不至一言出入動國○○宗○○社大計吁可歎也夜與季芬隱忍圖存四字談之

伯唐慕韓孟孚同今歲○○賞香稻米重羅麪各兩包中州貢品也

光緒二十七年歲次辛丑正月庚寅　年七十二歲

元旦戊辰霽　卯初入直卯正二刻入對　皇太后　皇上各面賜

福字一方辰初二刻行慶賀禮辰正回寓貢院大門以內彼

此往還如儀下午小憩

初二日晴　入對三刻未初散直嚴佑之作霖自江蘇集銀二十萬兩来陜

辦賑上年由行在戶部奏調也晤談一切初四即赴邠州永壽

一路開辦　約同志四十人偕来分三路

初三日陰　午正散直護甘督李廷簫病故甘藩何福堃兼護

昔廿臬放潘效蘇

初四日午前霽後大風 入對三刻午初二刻散直鹿滋師賀年辭之不獲晤談有頃下午出門拜年第一日到二十餘家

初五日霽大風 巳正散直午後出門拜年到五十餘家在孫燮臣鹿滋軒兩尚書處少坐回寓已傍晚矣是夜第七日

初六日陰 未初散直英菊儕趙展如均賜自盡緣各國誣指為義和團首禍必欲置之死地至以和局之成敗相爭○朝廷萬不得已而出此亦劫數也時勢至此可勝嘅哉 馬安良来見

初七日大晴 入對四刻午正散直忌辰無客稍資養息本日係人日天氣晴明大有更新氣象（一雞二犬三猪四羊五牛六馬七人八穀古語也）

初八日晴 入對四刻午初散直見客四起（李福興鄧增李馥亭吳移香）

初九日晴 未初散直見客三起（何潤夫桂月亭陶榘林森甲明保到陝候台見）

初十日陰大風 巳正二刻散直見客兩起（譚芝雲陳兆璜）春寒料峭不亞京城陳鏡亦漁雋臣乃郎

十一日晴 午正散直擬至展如靈前一哭並見其夫人詳詢家事閽者謂主人傳語不應受弔堅阻不得登堂悵悒而返

十二日晴　巳正二刻散直見客三起　鍾石泉辭赴四川　謝元福淮海道兩缺送部引　○見賀紹
號子壽
九昌祺江西大挑知縣解漕折來　○賞香甜橙各二十枚廣東例貢
十三日晴　午初二刻散直松鶴齡中丞○陛見葛振卿蒲州差旋先
後來晤又見客三起　陶籛林劉[illegible]臣道譙穀齋乃郎　○賞元宵
程鼇拔貢門生解湖北餉來
復任筱師信
見面磕頭　松壽調豫撫　于蔭霖調鄂撫　聶緝槼調蘇撫
花衣第一日穿貂褂
十四日晴　巳正散直存月波恆崇受之協揆之胞姪官內務府甫自京
來得悉受之亂後情形　榮相足疾大發本日未能入直

上元節陰　巳正二刻散直崧錫侯制軍本日抵陜来晤定十七日
請8安　三更後月色甚明
十六日晴　榮相勉強趨直仍未能入對午初散直出门荅客晤松鶴
帥少坐瞿子玖工尚本日請○○安下午署来晤　復少東信
十七日晴　午初二刻散直荅錫帥少坐易實甫来談本日榮
相仍未能入直
十八日晴　榮相請假五日散直後往視之備述病状甚難堪也
十九日陰　巳正散直汪範卿水部由籍到陜湖州人劉錦藻由工部

候補郎中進士出身報捐陝賑銀六萬兩經盛宣懷疏請破格優奬奉旨

硃批劉錦藻著以五品京堂候補欽此

二十日晴 巳正散直北城荅客晤桂月亭少宰端午橋辭赴汴藩任適滋

帥亦來談久之

二十一日晴 午初散直孫燮翁來談又見客一起豫少亭敬錫侯之晚姪久不

得雨農田望澤甚殷

二十二日晴 巳正散直荅汪範卿並晤鳳石汪即住陸寓也行送端

午橋行沈炯甫寬自長沙來旨賞桂圓蜜橘等四種福

建貢品

二十三日陰午後微雨　榮相銷假巳正三刻散直復李少東錢琴齋信

交賀紹九帶回翁祐申炯孫自籍来陜惠夫有信　錫良開缺另

候簡用岑春煊調山西撫陜西撫端方護理

二十四日晴　午初散直見客五起　崧錫侯岑雲階蔡錦堂江蘇餉員金敏生浙江餉員張愷吳幸伊　夜

酌湛範卿翁祐申胡仲琪沈炯甫莊子伊徐衡山令楨兒陪接彬孫　十二月

十五信京寓平安如故

二十五日晴　未初散直端午橋来久坐

二十六日晴　午正散直子玖来談又見客四起继蓮溪五曉東郭文森河南候補道继绍元善

莊子伊差竣回鄂　託帶瞿賡甫余堯衢兩信夜微雨

二十七日晴　午正散直錦堂来談又見客一起黄俊三家傑安徽阜陽縣明保引〇〇見

二十八日晴　午初三刻散直吴子修太史卸四川學政任到陝沈仲船

太守自浙江轉漕来均久談又見客三起桂月亭楊汝翼朱湛卿錫恩夜微雨

二十九日陰大風微雨　巳正散直春寒甚重接初五日家信

二月朔日霽　未正散直為東三省俄約事各路電報紛至沓来

幾於應接不暇退直憊甚下午見客二起江小棠聯封湖北候補道錫師調赴甘肅安徽

太湖縣柯劭懋明保引○○見

初二日晴 榮相勉強趨直仍未能入對午正二刻散直送錫師行下午錫師來辭行又見客六起 鄧增譚芝雲李福興王世雄江蘇湖南各解京餉委員

初三日晴 榮相勉強入對跪起均需扶掖也午初三刻散直見客兩起 江蘇餉員霍鎔炳趙鉅鄂湖北餉員卞斌孫

初四日晴 午初散直見客一起 浙江餉員瞿薛齋世琥賡甫之姪 下午出門答客在午橋處久坐

初五日晴 東三省俄約東南各督撫力爭不宜畫押上為所動今

日全權奏請畫押堅不允准畫不畫均不殊無害而其害之重

輕亦實見不到底是以榮相亦不敢力持惟提旨力從婉勸而已

午初二刻散直見客三起李馥亭紹芬新署藩南陽鎮總兵姚旺易賓甫 換羊皮冠黑絨

領珍珠皮馬褂白袖頭

初六日晴 午初散直雲階辭行赴晉撫任月亭來談

初七日晴 午初散直見客三起仲昭吳子佩陶渠林 盼澤甚亟而雨意杳然焦

慮不可言狀

初八日晴 帶吏部引見三排八員榮相仍以起跪不便不能上去余初次

遞牌幸無隕越午初散直見客三起和闐回子輔國公木沙沈本日引見襲爵沈錫周明日預備

名見桂月亭賞湖北新鑄洋錢一百元見面磕頭又賞醉蟹糟蛋等食物七種皆湖北貢品也

初九日陰　午初二刻散直見客一起江蘇候補道莫繩孫　換棉袍

初十日陰　午初一刻散直見客三起楊汝翼沈炯甫蔡浚嚴佑之信論正綽錦堂之長子

振務

十一日晴　午正散直見客二起蔡錦堂沈錫周辭回湖北　接夏地山十二月初二日自東洋来信頗有議論

十二日陰 午正二刻散直道增壽臣 崇續堅喜見客三起 子玖 江西

貢員聯專青 震馮志先 換藍絨領棉馬褂

十三日晴 午初二刻散直見客四起 寄克仲布、嚴良勳、餉員徐 炳章卞斌孫柯鉞廣東貢紳梁慶桂黎國廉陳昭常等三人

梁係檀浦〻子黎係占民〻子也 接彬孫正月二十五日信述近日京寓情形甚悉 瑞林 高竹帶來

十四日晴 午初一刻散直見客二起 廣東紳貢譚學衡馬慶 銓雲南鹽提舉彭國楨

十五日晴 先光祿忌日午初二刻散直鳳石來談又見客一起 署延榆 綏鎮龍 趙三得勝湖 南會同人

十六日晴 午正一刻散直錦堂来談昨今兩日入對均及四刻

十七日晴 午初散直午後出门答客順道問仲梓病甫痱條似類中服藥漸有功效當可望瘳也 賞燕窩鱼翅桂圓荔枝

粤紳

貢品

十八日晴 巳正一刻散直沈子敦世丈到陝来晤述亂後情形歸途答錦堂喬梓少坐

相對憮然

十九日晴 午正散直裴韞山維侒来談接四兒十六来電即復之

二十日陰 巳正二刻散直見客一 趙世兄國柱分部郎中鑾 賞滇緞

袍褂料緬燕宣腿雲南貢品

二十一日晴　巳正散直榮相生日祝之張紹五府丞仁黼服闋到陝来

晤久談雲南貢員趙藩李訓鉉来見巡春仲仙庶熙鶴田諸君

均寄有宣腿普茶等物

二十二日晴　午初散直張冶秋總憲百熙来晤交卸廣東學政歸　胡撲甫湘林

辭赴冀寧道調任奇克伸布辭赴京口副都統任吴子修兆

子敷先後来談　管士修太守廷獻自三原耀州放賑歸專誠勞之

二十三日晴　午初散直下午出門答客逕易寶甫處少坐吴子

佩同寓叙譚甚適

二十四日午前微雨後霽 午初散直便道答客昨晚今晨细雨連續極盼甘霖大霈乃午後風来雨止又陽光熹微矣翹首問天悶極急極

二十五日晴 巳正一刻散直月亭来談 昨自太白山禱雨歸来 又見客一起 陳效詩

二十六日晴 午初一刻散直接任筱帥電採8回鑾消息

二十七日晴 未正二刻散直復筱帥電

二十八日晴 午初散直郭春榆五段甫到陝同見易實甫来商籌運事又見客一起 湖南餉員王福塏

二十九日雨 巳正一刻散直黎明得雨廉纖竟日雲氣四合雨意尚
濃冀得透洽渥洋也 換夾領夾袍褂
三十日陰 巳正散直陸吾山襄鉞本日放浙江糧道来見又譚芝雲
来晤燈下復任筱帥信
三月朔日霽 榮相足疾旋愈旋發今日勉強趨直仍未能入對午正二
刻散直新任糧道崇惠廷恩由京到省由刑部外放来見談又鄧錦亭軍
門增過談
初二日陰雨 入對二刻午初散直閱東門外八仙菴牡丹甚盛游人

踵接擬往一觀迄未得暇庵為唐興慶宮故址壁間有碑記云

初三日霽 巳正三刻散直見客兩起蔡錦堂沈子敦 ○于蔭霖開缺另候簡用桂撫放李經羲滇藩放林紹年

初四日陰 巳正二刻散直松鶴師辭行赴豫撫任○黔臬放曹鴻勛由滇東道升

初五日陰 入對三刻五分午初散直李筱軒方伯廷簫靈櫬過陝諸停八仙庵滇司舊誼出城奠之地方甚潔靜牡丹已將次阑珊矣申初歸見客一起柯鳳笙太史劭忞昨放湖南學政籍隸山東同寓貢院

初六日雨　入對三刻午正一刻散直黎明得雨後竟日未住雨勢亦較二十九日稍大人心當可大定矣抃慰深深

初七日晴　午初散直見客兩起易實甫汪範卿

初八日晴　巳初三刻散直歸途答客送松鶴帥行少坐午後見客兩起子玖鳳石

初九日晴　巳正一刻散直訪鳳石蓀卿未值孫燮翁來商本年鄉試應行變通事宜又見客一起同鄉周易臣寶生浙籍而久居汴梁集資來陝辦理賑務

初十日晴 昨晚忽然水瀉又微作眩暈入直而未敢入對午初三刻散直未見客 沈子敦丈開缺以三四品京堂補用

十一日晴大風 未正散直水瀉止仍微作眩暈憊甚未見客傍晚管士修太守来談 將赴興平補賑

十二日晴 未初一刻散直升吉甫允調補陝藩到省譚芝雲新授潼商道先後来見 吉甫壬午順天鄉試覆試所取士

十三日晴 入對三刻十分午正二刻散直李蘊庭紹芬新升陝臬来見久談又見客一起江西餉員 姬慎思 張鳳藻

十四日晴　巳正一刻散直小憩甚酣午後出門答客晤燮臣同年久談

十五日晴　未初散直敬止齋自京來又見客二起（沈敦夫 譚伯誠）○端午橋補湖北巡撫錫清弼開缺另候簡用

十六日晴　榮相未入對巳正二刻散直

十七日晴　巳正一刻散直張侶玉放順天府尹柯鳳笙赴湖南學政任李菊農傳元廣西試差折回陸吾山赴淅糧道任先後見戌刻二府街草廠吁失慎詎8行宮甚近亟（勿）促趨（進）8內火已

撲滅旺直廬少坐即回大風竟夕

十八日大風　午初散直劉星階宇春州閣讀學来見又見客一起

桂月亭　昨安徽二次貢員勞文琦胡登延来小秋寄紗馬褂等件

十九日大風　午初一刻散直錫清弼到陝来晤○○賞香稻来鹿筋

魚翅海參魚肚安徽貢品也

二十日雨微　午初散直作小秋信交勞委員帶回夜雨達旦

二十一日晨透雨午後陰　巳正一刻散直唐晃周承烈以內供給保過班道

員来見陶榘林辭回江南日来又盼澤甚殷得此透雨可喜也

二十二日晴　午初散直午橋来久談又見客一起 侯補道嚴紫卿金清

二十三日晴　巳初二刻散直午後出门答客聞何潤夫病往視之已向愈矣

二十四日晴　巳正二刻散直見客兩起 李馥亭 易實甫

二十五日晴　巳初三刻散直張冶秋瞿子玖升吉甫先後来談又見客三起 鄭友琴之金新授廣東廉州府又余虎恩張慶和

二十六日晴　午正散直見客三起 綏遠城副都統文瑞翰林院徐世昌新派政務處行走吳稼香

自龍駒寨赴豫錫之同年自平陽来信旅況甚艱以二百金寄之運局回省

托端午橋中丞使晉之便帶去並復一緘　徐號菊人天津人

二十七日陰　午初二刻散直見客一起　河南鮮米委員陳龍光湖南衡山人戊子舉人

二十八日晴　午初散直午後出門答客晤敬子齋張冶秋

二十九日陰　巳初三刻散直見客四起　敬子齋午橋辭行赴山西查辦事件同州府英古香琦候補府劉益潛濟坤英戶部舊屬劉湘陰人

四月朔日晴　巳正一刻散直見客一起　鄧錦亭增　植兒赴臨潼浴溫泉　上年過境未及停留也

初二日陰微雨　巳正二刻散直張振卿少宰英麟自京来晤談有頃人

極本色可敬楨兒自臨潼回

初三日雨　巳正一刻散直馮星岩汝騤服闋赴部来見久談孟孚送午橋至臨潼歸

初四日陰微雨　巳正散直張绍玉京兆来談又見客一起河南解米委員李汝澤蒙自人任滇曾見過也

初五日陰　巳初二刻散直前四川川北道張麟閣成勳服闋来見漢陰廳人由刑部外放湛泉由三原進省送三原劉氏藏板書一百部計八百五十二冊一百六十三函大觀也

初六日霽 巳正一刻散直見客三起 吳燮臣樹梅湖南學政任滿 到陝錫清弼良本日放東湖
河總督又 筱園放浙江巡撫護撫余摺珊赴湘藩本任
沈敦丈
初七日陰 巳正二刻散直張佀玉来談述昨日請8訓奏對情
形甚詳 義振南紳唐桐卿錫晉来見持佑之函商五六兩月
振欵許以竭力代籌蓋非此則功虧一簣飢黎仍未登彼岸也
初八日晴 帶吏部兵部引〇〇見午初散直樊雲門增祥派充政
務處提調 繼蓮溪昌放湖南鹽道先後来見蓮溪所遺頭
班領班郭春榆楼充

初九日陰　午初散直子玖来久談本日有○○旨在軍機大臣上學習行走以初到大略情形告之寅甫来商轉運事又見客一起湖北轉運委員吳蔚藩同谿杭州同鄉

初十日晴　巳正二刻散直清獬来談郭友琴辭赴任

十一日晴　巳正二刻散直定各國償款四百五十兆四釐息全權電奏各國專使以○○旨撤兵也

十二日晴　巳初三刻散直孫燮翁来商件下午出門答客在子玖及鄧軍門兩處小坐

十三日晴 入對四刻巳正一刻散直見客四起何潤夫劉子嘉承亨自京来吴樛香新授蒲州府櫆樹由内閣侍讀外放

十四日晴 巳正一刻散直本日無客小憩甚適

十五日晴 入對四刻巳正散直卅吉甫来商平糶事接三月二十三日家信

十六日晴 午初散直張绍玉[幼予]京兆辭行

十七日晴 入對四刻午初散直蔡錦堂来見[談撤隊]又見事已有就緒矣又見客一起河州游擊胡秉湘自寧夏及阿拉善王旗查案回 廣生到陝○

本日有特開經濟科〻〇〇旨接任筱師十一信

十八日晴 午初二刻散直署鳳翔府張季理燮堂来見未請賑

又見客一班 張守正 陳致詩 子修来夜談

十九日晴 入對五刻巳正二刻散直李馥庭方伯来談

二十日晴 入對四刻午初散直俞伯鈞鴻慶自湖南来許靜山珏

自山西来先後見 楊樹 何天祐 均辭行

二十一日晴 午初散直徐菊人世昌来久談月亭商件本日有

〇旨擇於七月十九日〇〇回鑾〇賞玫瑰藕粉〇内廷倡

製也電杭宅告知〇回鑾日期

二十二日晴 入對五刻見面磕頭〇太后手製以藕粉係〇午初散直 見客三趙亭易鄧錦

寳甫唐恭進寗綢寳地蔴地直徑紗馬褂料四件 晃周

二十三日晴 入對四刻午初散直下午出門荅客夜政務處小坐

借設南院 月亭來商件本日有〇旨回京料理地面事件 現署右翼總兵

二十四日晴 入對四刻午初一刻散直吴漁川來自兩湖催餉 本係直隸候補知府昨經香帥明奏 回保並調鄂有〇旨交部帶領引〇見

二十五日晴 入對五刻午初一刻散直廣西左江道瑞輯五霖卓異引 見來晤乃 翁德爽亭為 定陵工程處同事舊有世誼四十年前曾見過也 賞紗葛各兩卷廣東貢品陸必順謝福自湖南來 換實地紗袍褂

二十六日晴 見面磕頭巳初三刻散直新授湖南衡永郴桂道錫潤生桐新授浙江衢州府世伯先善先後見均自京來又見客一班江蘇餉員霍鎔炳河南解米委員李汝澤均辭 賞大卷尺頭四小卷二

二十七日晴 皇太后賞 御筆畫蘭摺扇一柄見面磕頭

巳正二刻散直继蓮溪辞赴任爽台南良自湖北来先後見
李馥亭實授陝藩先後見本日有旨陝西巡撫升允補授李
紹芬補授陝西布政使欽此 天氣炎蒸無殊三伏 農田望雨甚切
二十八日晴 午初二刻散直張冶秋有旨回京辦理工程存記道表
樵蓀鴻祐泗州人吴肅堂魯自京来 已放雲南正考官 先後晤談
傍晚吉甫来少坐本日有旨張英麟吴樹梅葛寶華何乃
瑩王垿均先行回京供職各部院人員由随扈各堂官酌留
數員餘令起陸續回京户部酌給川資津貼

二十九日晴雨　巳正二刻散直○賞古式摺扇五柄油紙描金山水像

安徽貢品所畫大約是黃山圖也（嗣知是九華山）得雨可喜惟未能深透仍盼

大霈甘霖耳　穀士作古見蘇撫奏報

五月朔日陰　見面磕頭謝○○賞貢扇　午初三刻散直見客四起

吳燮臣葛振卿
沈敦丈吳漁川

初二日霽　帶吏兵部引○○見入對四刻巳正散直見客三起馬安良

張發祥委辦潼關務
運局候補府景星燿垣
楨兒偕廣生赴臨潼再試溫泉並送

桂月亭汪伯唐回京

初三日晴 見面磕頭謝○○賞粽子每人兩盤 巳正二刻散直張治秋辭行回京又

見客兩起沈敦丈許靜山楨兒偕廣生自臨潼回

初四日晴 巳初三刻散直張振卿辭行回京瑤圃以授工右

行將離直晤商一切

端午節晴 巳正散直慕韓預備○○名見袁慰帥明保有○○旨矣

軍機處存記俟○○旨錄用瑤圃謝○○恩有○○旨仍留政

務處當差

初六日晴 午初散直榮相足疾又發偕子玖往視之午後見客

五起郭春榆馮志先徐菊人吳漁川蔡錦堂憊甚

初七日晴夏至 巳正散直南屋友人胡祖謙張嘉猷王慶平李

象寅歐陽熙同日自京抵陝甥俞旋來見

初八日晴 午初二刻散直馮星岩來見炎威偪人向來在南在

北均未經此也 二次8嘗暑藥

初九日午後陰 巳正散直見客五起王小東鮑潤漪趙孟雲鶴齡繆石農嘉玉廣西候補道吳

湘渠 榮相請假五日

庚辛

初十日晴 巳正二刻散直葛振卿辞行回京 分發陝西試用道饒獻、三

鳳琖来見新疆撫饒子維之子渡任筱帥信

十一日晴 午初二刻散直偕滋轩子玖問榮相病並商要件何

潤夫来談又見客一班湖南餉員彭念謨 孫傳棫

十二日晴 巳正散直俞夢丹啟元自江浙催餉回陝来見又見客

三起易實甫、翁祐申江蘇 管士修太守臨潼放賑回偕李

漕運委員戴運寅

莽往候之藉以道勞天氣炎蒸幾不可耐

十三日午前雨 午後霽 巳初散直偕子玖赴卧龍寺奠鹿喬生太守

瀛理滋軒胞姪也裴韞山放廣東正考官来見李馥亭

方伯過談均久坐
十四日晴 榮相銷假巳正三刻散直沈子敦丈本日補光卿來商
謝恩事並詢見面儀節
十五日晴 入對五刻巳蒙恩派充國史館正總裁當即碰頭謝恩同日
子玖得副總裁 巳正一刻散直滋師謝步談有頃李菊農傳元放廣
西正考官來見調補延榆綏道許子純涵度自晉到省畧談
已上燈矣
十六日晴 具摺謝恩入對四刻巳正散直夏閏枝孫桐放廣東

副考官来見

十七日晴 巳正二刻散直吳漁川来晤久談新授雷瓊遺缺道 本日歸途答客七八處回寓將午正矣

十八日晴 入對四刻午正散直歸途候蔡錦堂促其趕緊請○○訓淇泉自三原晉省料理進書省事并述三原饑歉情形夜談甚遲

○○賞內造玫瑰學蔫粉

十九日午前陰後雨 見面磕頭謝○○賞學蔫粉亦○○○○太后手製也 巳正散直歸途道

恍子敦丈補光卿喜下午見客兩起 許靜山 鄭錦亭

二十日晴夜雨巳正一刻散直沈敦丈来談又見客二起分省道銓林號燕平奎樂峰之子刑部郎中蔡皐门世昌華容人淇泉来夜談

二十一日晴午後霏午初一刻散直日来正望透雨自昨晚戌刻起至今早巳刻止得雨約四五寸農望大慰賑務庶有收束矣

二十二日晴入對將五刻巳正散直同人偕赴政務處南院東花廳即作為開辦莅事之日歸途拜客馮星巖放濟南遺缺府来見　陝撫報得雨深透派員恭送鐵牌回邯鄲

二十三日晴　巳初三刻散直分發湖北知府錢林號松巖来見奎樂峰之姪

二十四日晴 巳正散直北城荅客安徽餉員陳桐舫守先長沙人

陝知縣郭价人集馨諸暨人先後来見郭向就河東道署

幕與談河東鹽務甚悉亥刻陣雨響雷淇泉来夜談

二十五日晴 巳初三刻散直傅彤臣太守世煒来見成都人由翰

林選鳳翔府現卸署漢中府調署西安府晤談甚悉

二十六日晴 巳初二刻散直荅銓燕平昆仲午後見客三起

沈敦文辭行回京許静山辭赴廣東江蘇〇〇賞羅葛夏布四

餉員徐桂軒清鎮朱萼甫正輝均同鄉

卷湖南育品

二十七日晴　見面磕頭已初散直8賞金腿冬菇玉蘭片木耳等件亦湘撫貢品也午间腹痛水瀉胸膈泛漲甚不舒服廣生開方服二盃晚漸平惟溏泄未止四肢無力耳竟日不思飲食夜间始食藕粉一盃

二十八日雨　通融一日未入直子玖来问勸多歇一日兩腿尚軟亦不敢勉強也

二十九日雨　通融第二日瑶圃来談諸恙悉平明日勉可入直矣

三十日雨　入對四刻勉力支持尚無隕越已正一刻散直雨已深透賬務漸可歸宿矣○夜半泄瀉又作反側不安達旦不能成寐

六月初一日午前雨下午霽　卯初仍勉強入直未能入對同人咸勸先散巳初即歸廣生衡山先後診視擬方服之竟日夜換小衣四次餘無所苦惟胸脘時作泛漾不思飲食耳

初二日晴　通融未入直子玖来久坐○○上賜六合定中金衣祛暑等丸○命樞臣傳○諭服之○天恩高厚殊可感也泄瀉較減畧進飲食

初三日晴　未入直溢帥春榆先後来視腹瀉未淨精神殊覺委頓同人咸勸稍息幾日遂定明日請假仍服前方畧有加減

初四日晴　具摺請假五日。榮相、瑶圃、潤夫、仲昭先後来視。腹瀉向
愈，惟精神仍形疲乏，未能久坐，照前方重用參芪。
初五日晴　請假第二日。
初六日晴（下午陣雨）　請假第三日。鹿滋帥来視。○賞普洱茶兩團、
茶膏一匣、蕊茶一瓶。
初七日晴　請假第四日。精神漸有起色，仍照前方加減服之。
初八日晴　請假第五日。諸恙就愈，勉可支持，定明日銷假。
初九日晴　銷假，請○安，入對四刻。總理各國事務衙門改為外務

部 派慶親王奕劻為總理文韶以大學士授為會辦大臣瞿鴻
禨調補外務部尚書授為會辦大臣徐壽朋聯芳補左右侍
郎當以精力衰頹兩耳重聽懇辭未蒙 俞允當即碰頭謝 恩任大責重隕越
堪虞殊惴惴也蔡錦堂來晤定於十二日請 訓午前尚覺勉支
下午差勝惟炎威偪人幾不可耐耳。此次改設外務部堂司各
官均定為實缺外部固屬難辦而戶部仔肩得釋於衰
年亦良有裨益也夜雨甚相宜 賞西瓜十枚具摺謝 恩
初十日晴 入對四刻午初散直榮相調管戶部

十一日晴　照常入直病愈而足力甚軟昨日跪起甚費事同人細按之仍是護膝繫緊之故非病也咸勸再養兩日代為奏明今明暫免隨班入對散止齋過談昨有〇〇旨管理理藩院

十二日晴　照常入直巳初三刻散直

十三日晴　入對二刻巳初散直榮相足疾陡發偕滋玖兩公往視之并商要務李符曾世兄焜瀛屠梅君京卿仁守先後來晤

本日〇〇電諭直督豫撫由自開封〇〇回鑾定由陸路驛程經至正定堂乘坐輪車飭即妥為預備從此各省辦差知所遵守

公私糜費可省實多矣

十四日晴 榮相通融第二日入對二刻五分巳正二刻散直連日

酷暑未敢拜客候選道前沂州府定鎮平咸來見秋坪之堂姪

十五日晴 巳初散直偕子玖詣榮相處商件午後見客三起杭州駐防

協領柏研香梁興安府張豳臣是日榮相通融第三日滋軒

筠河南候補知府周左麾鉞

亦患腹疾未入直呂台對祇余與子玖兩人亦從來未有也

十六日晴 榮相請假五日入對四刻巳正一刻散直下午候瑤圃

談 譚芝雲送同州西瓜十二枚

十七日陰雨（傍晚） 巳初二刻散直午後孫燮翁来談又見客三起
蔡錦堂譚伯誠何幹臣均辭行 夜雨達旦
十八日竟日雨 午初一刻散直天雨無客非常涼爽
十九日晴 巳正二刻散直湖北候補道朱惠之滋澤来見
二十日晴 入對四刻巳正二刻散直午後出門答客伍蘭中書院
孫燮翁處少坐
二十一日晴 巳正三刻散直偕日人往視榮相病大致向愈惟尚
未能行走本日續假五日宋芸子育仁以道員分發湖北来見

易實甫昨游終南山南五台歸縷述情形洵大觀也

二十二日晴 巳正二刻散直午後見客六起 王小東鄧錦亭四川補用道 文擅湖緯前江西德安縣朱小莊仕林湖北餉員吴本義張樹森溥世兄元

二十三日晴 領班帶吏部兵部引見午初散直陳麓賓過談廣生墜馬傷頗重尚不知受內傷否心竊慮之近來時尚年輕人出門輒好乘馬實非所宜也

二十四日晴立秋 巳初三刻散直鹿默生世兄瀛理滋帥之冢嗣也以道員分發湖北來見精明敦篤兼而有之 賞海參蝦米

蟹乾、蒙茶、醬菜 山東貢品 上慶邸書托榮相寄

二十五日晴 花衣第一日榮相勉強銷假跪起均費人力也巳正一刻

散直作家信

二十六日晴 萬壽聖節辰初入對行一跪三叩禮辰正受賀行

三跪九叩禮禮畢散直馮子先數高辭行以道員分發湖北命陸

必須謝福送書箱離件回杭順便接護家眷到京

二十七日晴 巳正二刻散直四川資州直隸州沈幼嵐秉鍪來見

詢知為當年湖南臬幕沈晴嵐之次子精明強幹出

色當行亦屢得明保矣秋暑甚熾晝夜汗不停揮

二十八日晴　8賞絳色直徑地紗蟒袍料一件見面磕頭巳正十分散直定鎮平成留外務部差委薊德浦采運粮石回前冀寧道陳曉山占鰲服闋到部先後来見炎蒸愈甚不意秋老虎之威乃至於此

二十九日晴　巳正二刻散直見客一起張弼臣明保8名對8旨着以道員在任遇缺即補並交軍機處存記酷熱尤甚於昨

七月朔日晴　巳正一刻散直見客一起分發廣西試用道陳昭常　8回鑾

改八月二十四日奉明發○○上諭一道陝撫升允豫撫松壽均有是諭也

初二日晴 未初散直見客四起鄧軍門增吳雲侶宋芝醑署耔四川餉員陳炳泰

有增無減可畏之至亥刻得雨一陣惜為時甚暫耳

初三日晴 午初一刻散直禮邸到○○行在請○○安有○○旨開

去軍機大臣差使仍補授○○御前大臣溥善先世允元

挈眷西來近日甫到高及資斧以二百金麾之

初四日晴 午初正二刻散直竟日無客頗資憩息

初五日午前微雨後晴 巳正二刻散直唐冕周來談陝賑大概情形統

8 悬賞義賑及本省賑捐外省協濟並戶部賑米計〻已不下
銀六七百萬兩矣 子修来夜談
初六日雨 午初散直本年三江兩湖俱被水災本日東撫電奏
黃河下游南岸章邱北岸惠民均漫溢潰決天時人事
相偪而来杞人〻憂曷云能已耶 下午謁禮邸久坐
初七日午前雨後霽 午初一刻散直瑤圃夜談
初八日陰 巳正一刻散直午後見客三起 銓燕平 彭向青 閔荷生 閔自潼關騐收采買米回
初九日晴 巳正散直見客五起 宋芸耔 易實甫 定鎮平 吳質甫 坐補福建興泉永道 英鶴皋樸

初十日大風雨　巳正散直廣西鎮安府嚴㫕鄉　震明保到部引

見桐鄉人望而知其為能吏曾與順直賑捐保案執禮甚恭

早起熱勢甚熾頃刻間陰雲四合風狂如吼須穿袷衣

十一日陰大風　此次病後眠食一切早已如常而腿膝軟弱入對逾刻

即費支持本日見面二刻五分起立時右足運動不靈遂致傾

跌子玖扶之始起雖幸無損傷而衰象日增於斯可見俯仰身

世輒喚奈何午初散直天氣甚涼晚間須蓋薄棉被兩牀

十二日陰　照常入直惟未敢入對以足力尚未能久跪也巳正散

直脈溫補峻劑衡山廣生公商也
十三日陰下午霽 午初散直見客三起 宋芸籽朱惠之唐錫晉桐卿宋朱均辭行唐偕嚴佑之辦理義賑回
御史閻錫齡鄭炳麟編修馮恩崐均革職張治秋參劾也馮方
出雲南試差8旨無論行抵何處即行撤回
十四日陰雨 午初散直任筱帥迭次電商衢案據實覆之
十五日晴 午初一刻散直柏研香昨授乍浦副都統銓燕平
鐵松巖昆仲辭行戶部張銘坤季甫潼關驗收賑米回先後来
見近日脈溫補重劑昨方加用鹿茸頗覺對證

十六日晴　自十二至今均入直而未入對連日迭蒙 慈聖垂向
並詢所服方劑經榮相子玖隨時據實陳奏今日並傳 諭
於原方內加桂枝桑枝羗活獨活四味 慈聖固天縱多
能而 微臣渥蒙 垂念拳拳乃至於斯其將何以圖報耶謹
誌 鴻慈曷勝惶感悚巳正散直戶部陳麓賓宗臨清階
平泰斌少川俊均本屆京察一等以余業經離部執弟子
禮來見通行俗例誼無可卻惟受之有愧而已昨日明發何
乃瑩著即開缺今日明發甘大璋毋庸在軍機章京上

行走皆有人系劾也

十七日晴　巳初二刻散直竟日無客小憩大酣

十八日晴　巳正散直廿少南来見備述愧悔之意此才遭此磨練亦未始非福也

十九日午前陰後雨　巳正散直兩足漸覺有力仍日服泉方一劑

二十日陰　照常入對上墊後照例磕頭外口奏屢蒙　皇太后垂問又磕一頭公事畢　垂詢病狀甚晰刻許即退顧燊相曰恐其人不能久跪也嚴佑之周具日均放賑回省久談唐晃周来托雇

車先送行李赴汴
二十一日晴 入對二刻許趨跪較昨稍勝巳正散直寶應義紳
劉樸生鍾琳來見由邠州長武興平放賑回8賞燕窩武彝
茶桂元膏荔支 閩皆貢品 接任筱師六月先信
二十二日晴 見面磕頭謝賞燕窩。。 邑力勉支尚無隕越巳初一刻散直午後
専诚答拜嚴佑之唐桐卿周鼎臣劉樸生四義紳諸君皆由
鄙人勸駕而来不可無以慰勞之也。四君及管士修太守經募經放連戸部撥給
銀米统計合銀不下百萬較之官賑尤為滴滴歸源於西同鳳三

屬災黎誠不無小補云

二十三日晴 入對三刻五分午正散直英國兵官御前侍衛柏樂來敎士

敦崇禮德彌士由金權電知携洋萬元來陝散賑、求見外務部

大臣申刻偕子玖侄、公將見之晚酌嚴唐周劉四義紳邀厚

齋陪此次四君之來、咸以鄜人爲主者茲當賑務告竣杯酒道

勞亦聊以將意云爾○接蘭言電陸必順謝福巳平安抵漢

二十四日晴 入對三刻午正散直胡硯生延新授江安糧道來見

又見客一 趙長安縣 朱鄜臣 復任筱帥信

備

二十五日晴　賞銀一千兩綢緞八疋（懿諭借沐補行裝）見面磕頭巳正三刻散直新授西安遺缺府金書舲文同戴青來兆春奉調到省時官陝安道先後見金戶部郎中○京察一等　各國公約於本日畫押全權電奏

二十六日晴　巳正一刻散直孫燮臣翁來久談嚴佑之辭行回南又見客一起嚴㒟鄉　近日兩腿稍有力惟下午時作眩暈步履每致斜出衡山云脈蘆附適分陰分受侵故有此見證是或然也○接鈺孫初四日家信

二十七日晴　巳正二刻散直吳柊香龍騶寨撤局回省久談派

長垣安福劉燿光等押送行李赴汴用三套大車六輛子
玖處四輛同幫行走本日午後眩暈漸止
二十八日晴　吏兵部引○○見榮相足疾微發未能帶領余代領
班吏部三排十三人兵部兩排五人（行在引○○見止此）巳正二刻散直徐菊人柏
研香先後來晤
二十九日晴　巳正二刻散直見客一起（蘇小齋秉彝寧波人偕周易臣來辦義賑）是日
奏○○特旨傅捐實職○李傅相奏四品卿銜郎中左宗蕃
廣西象州人報効順直賑捐銀十萬兩8硃批著以四品京堂

候補其四品卿銜係二十四年
報捐銀二萬兩所8賞
三十日晴 午初散直瑶圃夜談
八月朔日晴 午初一刻散直柏研香辭行鄧錦亭軍門来談分數
湖北試用道秦鳳五嘉澤見 戶部舊屬
初二日陰 午初散直浙江同鄉之官於豫者鹽糧道王維翰候補
道王枚等八九人公函通候約往浙江會館 及江蘇生運涵季等
初三日午前陰後雨 入對三刻五分午初二刻散直沈幼嵐辭行回蜀
吳子佩来晤天氣甚涼可穿棉衣

初四日陰 入對二刻十分午初三刻散直候補同知賀蘭友培芬

執年家子禮来見 乃翁名恩澍壬子進士江西人

初五日晴 巳正三刻散直收拾行裝漸有頭緒

初六日晴 入對三刻五分巳正三刻散直見客兩起 嚴紫卿金清 嚴晃卿震

又 周長臣寶生辭行回汴○兩宮報大安請脉之 吴觀樂 徐本麟 給奬有差

見面磕頭叩賀〇〇大安

初七日晴 入對二刻十分巳正三刻散直見客兩起易實甫文

檀湖○長升等護送衣箱本日行抵洛陽電局来報

初八日晴 午初二刻散直甘少南来談瑤圃辭行明日先赴汴

初九日晴 入對三刻奉〇〇特旨以迴鑾在即〇〇賞穿黃馬褂遵即碰頭謝〇〇恩 同人咸與餘惟內務府大臣繼祿同膺是〇賞 午初散直下午出門拜客晤鹿滋軒繼子壽兩處少坐

初十日晴 聯銜具摺謝〇〇恩 午初一刻散直偕子玖詣榮相處道喜少坐即歸

夜雨達旦

十一日午前雨後陰 巳初三刻散直接鈺孫初十平安電陸必順謝福已抵杭州

十二日午前雨後陰 節賞尺頭六疋 大卷四疋 小卷二疋 活計一匣 六件均繡有福星文護佑字

樣○○慈聖云迴鑾在即見面磕頭巳正三刻散直許子純來取福星載道云云意

見葆韓尊彝送黃馬褂料兩件金陵定織也

十三日雨　巳初三刻散直天氣甚涼夜月色甚好渡任筱帥電論停指事

十四日陰　巳正三刻散直見客三起嚴晃卿辭行赴山西潘星海回湖北汪範卿十六日起程赴汴　長升等於昨日抵開封

中秋節陰　巳正二刻散直○○迴鑾在邇以速晴為盼　二更後月色甚佳

十六日晴　巳正散直見客五起玉殘甫賀培芬戴青來劉星階辭二十先行陸鳳石祭告中嶽

十八先行接鈺孫本日平安電

十七日晴 巳正散直送鳳石行少坐

十八日晴 巳正二刻散直見客三起 易實甫 張弼臣 趙世兄延福

十九日晴 午初散直吳漁川自南省差旋晤談有頃又見客一起 壬子年姪同鎮甡

二十日晴 是日換戴煖帽始穿黃馬褂 綠牙縫靴 巳正入對今上詢與榮相及龢均蒙〇恩賞用紫繮韁當即碰頭叩謝值此時艱毫無報稱疊膺〇異數愧悚萬分 午正散直 淇泉自三原來送〇

篤夜談甚暢

二十一日晴　偕榮相聯銜具摺謝〇〇恩午初二刻散直見客兩班一戶倉收米委員
一本省候補人員

二十二日晴　午初散直官場自李蘅庭中丞以次陸續送行共見客三班收拾案頭積件幾於眼花撩亂甚以為累淇泉夜談

二十三日晴　午初二刻散直料理一切諸已就緒〇〇兩宮明早辰刻啓鑾同人均定卯刻先行

二十四日晴　卯初二刻啓行辰正抵灞橋二十里茶尖午初抵臨潼三十里住縣署

小憩申初上门申正○○兩宮駕到（站班）酉初見面跪○○安是日

無事即散直

二十五日陰　寅正起行二十里新豐二十里臨（零口　均臨潼屬）口宿時方辰正午初（小憩）上门

（未）子初○○兩宮駕到二刻見起有○批摺無○諭旨未正散直榮相

過寓便飯後即赴渭南以舍館未定眷屬先行也酉正就寢

二十六日晴　寅初起行二十里卅店（渭南屬）二十里渭南宿（住宏中當）時方辰初已正

上门○皇上午初二刻到○○太后午正到未初見（趙）起有明發

兩道○電旨一道申正散直榮相以世兄病重奏明暫留二三

日惟病勢十分危險設有不測萬難為情殊為焦慮

二十七日晴 丑正起行二十五里赤水鎮屬華州 二十五里華州宿住少華書院時卯正二刻午正上門 皇上未初一刻到 太后二刻到未正二刻見起申初散直榮相之四少君年十七歲竟於本日寅初化去以六十六老翁有祇此一子忽遭不測情何以堪見面提及 慈聖亦深嗟歎 諭促令料理一切即赴 行在聊以國事排遣憂傷云

二十八日陰 丑正起行二十里柳子鎮屬華州 二十里敷水鎮屬華陰 茶

矣三十里華陰縣宿時辰初二刻88兩宮申初到申正見起

飭慶邸前來開封迎8鑾

有8電旨一道適合肥到報奏明〻日見面請8旨酉初二刻

散直夜雨

二十九日微雨 辰初叫起88兩宮詣玉泉院拈香 離城十五里山麓即希夷祠墓亦在焉

午正再上門候8迴鑾站班有明發一道述8旨畢散直 時申初

九月朔日陰下午微雨 卯初起行五里華嶽廟三十五里潼關宿佳鳳山書院 時巳午初

正上門88兩宮未正到三刻叫起面奉8諭旨初二至初四駐

蹕三天有明發兩道酉初二刻散直

初二日陰　卯正上門巳初叫起本日無事三刻散直酉正榮相到即
偕子玖往候之無可慰藉對之惻然由此至洛陽山溝路窄極
為難走本日令劉鎮湘率大車四輛先行祇留隨身行李以
期輕簡易行
初三日午前晴後陰　辰正三刻叫起巳初一刻散直榮相銷假竟日見客多起　松鶴齡中丞周軍門
萬順永城紳士候選道呂永輝　接彬孫冬電屬滙款接濟家用即
前陝州知州黃璟蒯游擊德浦
電外務部總辦借支養廉二千以應之
初四日午前陰後晴　辰正一刻叫起巳初散直夏琅溪軍門辭行先赴閿鄉

以料換車事吳漁川俞孟丹同見淇泉來同晚膳即以話別
初五日晴　卯正起行二里過第一關入河南界二十里閿底鎮宿時辰
正二刻巳正二刻上門○○皇上午初到○○太后二刻到午正二刻
叫起有明發一道未正散直
初六日晴　丑正三刻起行二十里盤頭鎮二十里閿鄉縣城宿時卯正
三刻午初上門○○皇上未初到○○太后二刻到未正二刻叫起有
明發一道○○電旨一道申初二刻散直由潼關至陝州計程一百
八十里俗有加四之說其實不過較尋常稍大耳本日四十里亦只

走得四點鐘是可證也夜微雨即止

初七日午前陰後晴 寅正起行二十里楊家灣閿鄉屬 二十里古驛村靈寶屬 荼尖二十五里靈寶縣城宿特午初未正上門　皇上申正一刻到　太后二刻到酉初三刻叫起已上燈許久矣面奉　諭旨明日駐蹕一日有交　旨一道黄環開復 自古驛村入函谷關距城南十里山溝陡險著名難走

初八日陰 辰初上門辰正二刻叫起有明發一道巳初散直同人約赴泮池觀魚云有紅色鯉魚 是日天陰魚不上泛迄無所見薛润

〻世兄祖澤来見壬子同年薛世香書常〻孫山西侯補同
知丁憂在籍黄小宋璟来商謝〇〇恩儀節 此間有碌揭鍾進
士像上鈐靈寶縣印相傳辟邪甚靈鋪家多有售者亦不
知因何緣起始自何年此次大差過境争相購買坊間為〻一空
重陽節 卯初起行二十里曲沃鎮屬靈寶 二十五里橋頭溝茶尖屬陝州 十五
里陝州城宿時巳正午初二刻上門申初〇〇兩宮先後到申正叫
起有明發二道酉初散直本日住州署後有園亭大半荒
廢惟古木參天陰森入畫牆外大河前横對岸即山西平陸

縣城郭氏居相去祗盈盈一水也惜天已傍晚不及徘徊瞻眺耳

初十日陰　卯初起行三十里磁鐘鎮二十五里張茅宿時已正午
正二刻上門8皇上未初二刻到8太后三刻到未正二刻叫
起有明發8電旨各一道申初二刻散直夜微雨

十一日微雨　寅正起行二十里硤石因雨意頗濃恐行程或有更動偕
滋玖兩君駐候8起鑾確信再行約七刻許二十五里巳正觀音堂宿
以上均陝州屬　午初二刻上門午正8 8兩宮先後到未初叫起本日無
事未初二刻散直昨今兩站山路崎嶇地方褊小壅擠特甚

十二日陰雨　阻雨老程辰初二刻上门巳初叫起有明發一道二刻散直

山僻小鎮供應既不能支食物亦無買處（並井水皆將涸竭）惟望雨住明日可以成行耳

十三日霽　卯正起行二十里英豪鎮屬陝州　二十五里澠池縣城宿時

巳正一刻午初二刻上门未初　皇上　太后先後到未正二刻

叫起榮相感冒未能入直是日無事申初散直歸途看榮相

其如君侍側見焉

十四日陰雨微　寅正起行二十五里石河鎮五十五里義昌驛茶尖均屬澠池

二十里鐵門鎮宿屬新安　時巳正一刻午正上门未正　皇上

○○皇太后先後到二刻叫起榮相以感冒牽動足疾仍未
能入直申刻散直仍至榮相寓一看歸途所經也接任筱帥
八月二十五日信
十五日大晴　卯正起行三十里不過二十四五里辰正抵新安縣城宿巳正二刻上門○○
皇上○○皇太后午初先後到路短且平行程甚速二刻叫起有
○○電旨二道午正散直
十六日晴　寅初起行三十里磁澗鎮屬新安茶尖十五里谷水鋪
洛陽縣屬二十五里巳初二刻河南府城宿午正二刻上門申初○○兩宮先

後到申正叫起有○○寄諭二道明發一道酉初散直（本日）面奉
○○諭旨十七至二十四日駐蹕五日十九日○○聖駕至○○幽陵龍（林及）
門香山拈香○○諭令隨同前往○河南守文仲恭（悌）以府署
為○○行宮經營布置煞費苦心不特沿途無此局面較之（即）
西安○○行宮相去不可以道里計也見客兩起薛清谿均由（桂月亭）
開封到此迎○○鑾
十七日晴 辰初上門巳初二刻叫起巳正散直看榮相病並商
公事足疾漸瘳明後日當可勉強入直矣午後客來絡繹

至晚始畢　頤漁溪璜許豫生貞幹河陝汝道崇儀毅軍分
统郭殿邦卸署洛陽縣田務本電局委員鄧嘉
贊本邑廩生董貽南為伯棠夔來夜談
同年董竹坡之姪孫
十八日晴　辰初上门巳初吽趂有電信一件巳正散直午後出
门答客往電報局少坐○○兩宫明日詣○關陵林龍门香山等
處拈香又奉○面諭隨同前往　本日榮相勉強入直
十九日陰　卯正上门辰初吽趂有○廷寄兩道奉○諭明日述
○旨見面後即出城渡洛水十五里至○關林敬謹行禮瞻仰
一周候○○聖駕到站班畢十里至龍门站進班後渡伊水至

香山寺兩山對峙即所謂伊闕也幕幃在山麓設蒙古包

小憩便飯入寺登最高處風景自佳不獨以白傅著稱也○○

兩宮未初到即隨送○○駕回城走八刻十分時方申正夜雪達旦

黎明積厚二寸餘○接鈺孫也電春口定於二九日起程進京

二十日雪 辰初上門巳初叫起有明發二道午初散直

奉○○旨二十二二十三日仍駐蹕兩天以雪路泥濘也自朝至暮繽紛未已

二十一日晴 辰初上門巳初二刻叫起有○○電旨一道巳正一刻散

直經看榮相傷悼之懷鬱結彌甚勸其扎掙入直以分憂思

二十二日晴　辰初上门巳初一刻吽起有電信一件巳正散直
接彬孫電蔡弁 鴻賓 病歿京寓相隨十餘載人甚誠篤
年甫五十一可惜也
二十三日晴　辰初上门巳初二刻吽起有明發二道○電旨一道午
初二刻散直湖北襄陽道朱少桐世丈 其煊 奉委迎○○鑾本日到此
晤談一切
二十四日陰　卯初起行四十里義井鋪 洛陽縣屬 茶尖又三十里偃師縣 午初一刻
城宿 河南府屬 未初上门○○兩宮申初二刻至申正二刻吽起有

電旨一道電信一件酉初二刻散直是日〇〇賞貢青狐膝袍褂統一套大卷江綢袍褂料各一疋見面磕頭並奉〇〇慈諭天氣甚寒趕緊成做服〻〇按皮統係近到貢品褂統尚有黃假托子榮相及韶各得一件餘皆無〻所當什襲珍藏也

二十五日大晴　卯初一刻起行三十五里黑石關（渡洛水至）茶尖（鞏縣屬）又三十里巳正抵鞏縣城宿（仍河南府屬）〇〇兩宮未初二刻先後到未正一刻叫起本日無事三刻散直

二十六日晴　卯初起行三十五里老鸛坡頂茶尖（汜水屬）即古之成皋也又三十

里（已正二刻）汜水縣城宿（開封府屬）虎牢關 歷城西城已大半傾圮矣未初上門
未正二刻 兩宮先後到申正叫起有 電旨二道電信一件
酉初散直 李傅相病危大局所關殊深廑慮致杏孫電
托照料家眷進京事
二十七日晴 卯初一刻起行四十里辰初三刻抵滎陽縣城宿午正上門
三刻 兩宮先後到未正叫起適接直藩周馥電李傅相
於本日午刻出缺 兩宮慟悼之至即日 降旨先行加恩賞
陀羅經被遣恭親王溥偉奠醊追贈太傅晉封一等侯入祀賢良祠

予謚文忠照大學士例賜卹其餘飾終之典再行降旨北洋大臣直隸總督簡放袁世凱署理（袁時在衛）前奉署理全權大臣之　命並令到開封後先行回京時局艱危老成彫謝栓材承之何以克堪不勝悚懼之至申正二刻散直

二十八日晴　卯初起行四十里須水鎮茶尖滎陽翰林孫綜源來見屬本鎮人也又三十里（巳正三刻）鄭州城宿本日　御道係三十里趙村尖又四十里鄭州路稍紆於須水係官站舊道隨扈車輛大半由此也未初上門申初（具摺謝　恩）　兩宮先後到申正二刻叫起（見面碰頭）有明發二道酉

初二刻散直猶憶同治三年甲子余由戶部郎中8授安襄鄖荊道於重陽日出京行至滎澤口渡河阻風周折四五日計期亦是九月二十七八日過此楨兒纔逾周歲患病甚重余於午尖時親自進城取藥忽忽三十八年光景猶如在目前也　二十九三十8駐蹕二日

二十九日晴　辰初二刻上門巳初叫起有明發三道午初二刻散直見客四起奭名南良江毓昌南昌府江西奏派迎○○鑾謝汝欽富蔭係吉林奏派迎○○鑾吴漁川8賞燕窩魚翅百合粉冰糖南棗江西貢品

三十日晴　辰初二刻上門巳正叫起有8電旨二道午正散直

王介艇廑自彰德来匆〻一晤即赴中牟預備迎〻鑾本日蒙

〻賞食物兩次初次三仙桂元膏〔加梨汁藕汁〕一罐蘇醬一盒係〻慈聖

自製二次蘋果酥梨老米茶葉皆自京城来則貢品也

十月朔日晴　卯初起行三十里甫田村茶尖属鄭州　又四十里午初中

牟縣城宿未正上门申初二刻〻兩宮先後到申正二刻叫

起有明發一道酉初二刻散直是日日有食之

初二日晴　寅初起行三十里韓莊茶尖属祥符　又四十里巳正二刻抵河南

省城住西〔東〕大街浙江會館在省同鄉代為預備非常周到申〔未〕

正上門申正〇〇兩宮先後到　酉正叫起有明發二道三刻散直
慶邸到此迎〇〇鑾頭起見面每〻一晤未及細談
初三日陰　辰初二刻上門辰正叫起有明發二道午初散直
本館各神位前拈香
午後子玖來少坐偕同謁見慶邸談久〻回寓見客四起
初四日晴　照常上門巳初叫起入對五刻餘有明發七道〇〇
電旨一道午正散直偕子玖往看滋師因病請假五日竟日
見客七八起不能詳記也接杏孫電知眷口等於初三日到滬
初五日晴　照常上門巳初叫起入對三刻餘有明發二道〇〇電

信一件並〇〇垂詢赴行日期以花衣期滿後即行對因〇〇〇

諭令電知崑岡告以慶親王改詔行期俾免懸望〇慶邸初六請〇刻初七赴程

午初散直見客五六起

初六日晴　辰正二刻叫起入對將四刻有明發三道午初一刻散

直見客又六七起

初七日陰　巳初叫起入對三刻有明發二道電旨一道巳正（花衣第一日）

三刻散直見客四五起徐沛同鄉請留照相惜天氣濃陰未

必能鬚眉畢現耳

初八日晴　巳初叫起有明發一道巳正散直歸途遇峇倫貝子
志公鈞　宋祝三午後見客七起同鄉送席即為夏孝弇
世兄補祝前日五旬正誕並邀樓子樂連涵季諸世兄一敘接同兒九
月初七稟並寄照相較前稍覺豐潤
初九日晴　辰正三刻叫起本日無事巳初二刻散直見客三起
同鄉孫筱秋大令壽彭燈後來久坐此次寓居會館一切俱
承照料深費經營殊可感也子樂夜談　○○賞福壽字二
幅　○○慈聖親筆早間　藍緞彩繡蟒袍料一件
見面時先提及也

初十日晴 ◎◎慈聖萬壽辰初叫起見面先祝◎◎嘏一跪三叩首又謝◎◎賞◎◎兩宮前各一跪三叩首二刻◎◎太后升殿隨同◎◎皇上行禮如儀辰正散直見客七八起不勝其累矣◎◎賞碗菜一九點心稀飯各四色○托鍾筱舫廉訪自雇三套車十五輛裝行李十二日先行徑送京師至正定不換輪車每輛價二十七兩二錢

杏孫來電春日乘新裕約十三日開行

十一日晴 辰正二刻叫起巳初散直答拜五遵周觀察枚歸安人吾浙鄉長也面致會館捐五百兩再三遜謝然後收亦各盡其道

也見客五起　亨斋子樂夜談

十二日晴　辰正三刻叫起　有〇〇電旨一道　交片一件　巳正一刻散

直歸　途荅客極鍾筱舫臬署少坐　午後豫南主教安西滿

來見　又見客八起　憊甚　行李車本日起程　令劉耀光劉鎮湘周

長生安福等押送

十三日晴（花衣第七日）　巳初二刻叫起　面奏明日起程進京　〇〇慈訓諄諄　謹當

遵守　即跪安而退　安摺（未用）　巳正二刻散　直〇〇回鑾已定廿三日啓

蹕　因〇〇慈聖偶患感冒　尚未〇〇降旨　午後見客四起　德曉峰　崇善　一

起朱曇伯許豫生福建貢員聶戍刻接鈺孫電長孫媳於十二月

少安元龍三觀察各一起

巳刻產一男連歲添丁殊可喜也八字辛丑己亥甲辰己巳五行

金即命名開忠以在開封聞喜也是為忠字輩第三人長肇

忠殤次承忠庚子生次即開忠均鈺孫出

十四日晴 睡至巳初始起久不嘗此風味矣惟自巳正至酉初除匆匆

一飯外客來絡繹並不能記起數榮相子玖均有密商事件○○慈聖賞銀

一千兩燕窩魚翅茶葉點心蜜餞乾果等食物十餘種○○○慈恩

優渥感何可言理應專摺謝○○恩榮相允代為妥辦云

十五日晴丁未。卯正啓行，官場暨同鄉候送者數十人，出東门二十五里至柳園口渡黄（同鄉到此者亦四五人），風不順，走十八刻始達北岸（辰正三刻登舟，午初二刻登岸），連涵季追送至此舟中，大放厥詞，頗不寂寞。三十七里（此數不準，未正一刻）封邱縣城宿，屬衛輝。邑令黄瀛橋庭芝，廣东瓊州人。開封浙江會館留匾額一懸，曰「歡若錦還歸」；楹聯一副曰：「扈蹕此傳蹤，且留泥雪因緣，共説讌游追洛社；彈冠先勵志，好壯湖山名勝，各舒經濟荅清時。」同鄉又請将〻〻萬壽聖節〻〻御筆賜福壽字鈎摹，敬謹恭懸廳事，以增光寵，許〻。

十六日晴 辰正一刻啓行四十五里午正抵延津縣城宿邑令周貢珊
常炳天津人此行除廣生外伯棠亦隨行
十七日晴 辰初一刻啓行三十五里龍王廟尖屬延津 又三十五里
未正二刻衛輝府城宿附郭汲縣邑令謝香初緒綱四川人大挑到省氣息
甚好接菓韓本日電8回鑾尚無消息也
十八日晴 卯初啓行五十里淇縣尖邑令張次常朔宸湖北麻城
人尖後又二十五里高村橋茶尖又三十里申正二刻宜溝驛宿屬湯陰
邑令褚菁士輝祖到此迎湖北江夏人辛亥年姪

十九日晴　辰初啓行二十五里湯陰尖瞻謁武穆王祠敬謹行禮以申景仰三十里魏家營茶尖又十五里未正一刻彰德府城宿（安陽附郭）馮竹恵觀察光元自武陟来郡守許少淵葆連福建人通判楊仍松喆麟（海寧人）邑令周子敬應麟鎮江人府縣均署事王介艇来夜談（祥符籍在此住家）渠州次在省迎○○鑾又以冒昧並遞安摺奉○○旨申飭當仍是否運未通也

二十日晴（午後大風）辰初啓行四十里豐樂鎮尖（安陽屬）許仰坡之軾由磁州来迎尖後渡漳河（有浮橋）三十里磁州宿（未初一刻）麗勋菴鴻書　時官大順廣

道鄭灼三國俊時署大名鎮陳孟威忠儼時署大名府均到此
迎接慕韓本日奉有〇〇旨廢大阿哥並述嶸相屬告知初
四日〇〇啓鑾等因節近大雪但願此半月内天日晴和河流順軌
俾〇〇六飛穩渡北歸斯（本日係先生周忌）為天下臣民之幸夜微雪
二十一日午前陰後霽 辰初起行二十五里（實有三十餘里）琉璃鎮尖屬磁州 仰坡送至此
尖後二十五里張兇莊茶尖又二十里邯鄲宿（未初三刻隊） 自琉璃鎮至此寔止三十餘里岑
旭階春煦自廣平來迎邑令龔夔彝彥師安徽人自入直境
凡〇〇蹕路尖宿站均派有大小委員辦理支應大半皆熟人也

二十二日晴辰初啓行二十里黃梁鎮又二十五里臨洺關尖永年屬永年令方耕雲

汝霖安徽人到此迎廣平同知駐此東誠一毓恩陝西人同見尖後三十五里沙河

縣宿邑令鄭芝山鍾秀山西人是日醕邸北來亦宿此即往

謁見晤談一切旋來荅拜張燕謀梁鎮東諸君隨行彼此

往還匆匆未及細談也

二十三日晴卯初啓行三十里順德府南關茶尖必鶴儕松由河間來

缺調署此郡邢台附郭令王次康錫光山東人又二十里藍陽村尖邢台屬

尖後三十五里申初內邱縣宿邑令李啓章運昌甘肅涼州人

接郴孫養電眷口於十九日乘新裕船二十日午前開行續接杏孫慕韓各禡電均相符（初四日啟鑾已見道抄亦慕電云）約計明後日先可抵京矣盼信多日至此始釋懸系

二十四日晴　卯初啟行二十里張村又四十里柏鄉縣（趙州屬）尖〻後二十五里固城店宿（申初二刻）（柏鄉屬）邑令戚耀三朝卿貴州人（固城一名王郎城即古鄗城車夫及土人均訛稱為王莽城）

二十五日晴　卯初啟行二十里沙河店二十里趙州尖州牧甯貫山村以篤安徽人尖後二十里欒城宿黃介

臣祖戴適署是缺藉得晤談江蘭生太守槐序現署正
定府到此迎
二十六日晴 卯初啓行二十里冶河鋪又二十里正定二十里鋪尖二後
二十五里過滹沱河抵正定府城宿邑令張祖詠山陰人孫麟
伯鍾祥鄭景溪清瀘柯貞賢鴻年坐專車來迎諸君均專
辦大差綸車事宜也高仲瀛子谷張戰門馬少雲朱慎初均趁車來
迎彬孫亦来出於意外氣色精神迥非去年可比足疾亦漸
有起色歷述去年至今京寓各情形居然有膽有識此子可望收功

當尚有福分也

二十七日晴 辰初登火車 辰正開行六十里過新樂六十里定州伯棻接臨此地正場已畢出城一晤停輪兩刻又一百二十里 以上均係鐵路里數 抵保定省城藩司周玉山馥臬司周瀚如浩率同僚屬恭請8聖安進城住首府衙門時方午正二刻約一點鐘走六十里見客三班 文職二 武職一 但就素識者餘未能徧見也玉山單請一談姑幕陳雨樵上燈後過談有頃余四年直督今日始至衙門外墻前一過時惜匆匆回京不及進署一觀耳 接杏孫轉四兒徑電言已

於廿四日黎明抵大沽因水淺尚未能進口須候小輪來接惟今日
尚未接到京電是真濡滯矣
二十八日陰 卯（辰）初出城辰正二刻開車午正二刻抵京在前門外西
城根下車文武大小各官下至供事蘇拉等候迎者（咸於）應接
（宛然外官景象矣）不暇未初二刻抵宅謁 祖先畢小憩客來皆擋駕接四兒電
本日午刻已抵塘沽（明日早車進城）懸系之私至此乃大慰云戌刻接慕
韓電本日蒙 恩賞戴雙眼花翎想係 回鑾恩旨
也 隆恩稠疊愧悚莫名夜微雪發電（報到京日期）請 行在代奏

二十九日晴 辰正出門專謁慶邸商定全權應辦事宜歸途答
袁慰帥並商一切 酉刻眷口到京兩子兩孫一女一孫女暨親丁
趙姬等九人均平安無恙去年遭此大變今日骨肉重圓
是非仰邀天佑曷克臻此 景周暨五孫婿金敘臣銓同來
三十日晴 午前見客七起 袁慰庭 胡雲楣 鐵將軍 哈布 崑中堂
馬玉昆 姜桂題兩軍門 侍讀紹昌 午後出門奠李文忠公
答雲楣並謝其料理津沽火車 景周子谷夜談 見二十八日 恩旨
皇上奉 懿旨現在大局漸定回京有期奕劻妥議和局據

危為安賞食雙俸榮祿保護使館力立勤勞隨時贊襄匡
復大局王文韶協力同心不避艱險賞雙眼翎宮太保銜劉坤一加宮太保
銜張之洞袁世凱均賞加宮保銜　錄之以誌〇〇恩遇
十月朔日晴　辰正進　内赴内閣跪〇〇安叢請〇〇安摺　余領銜崑
相歸留京另摺也歸途答客在頌閣處少坐午後見客
立趕本日將戴雙眼翎電托王發甫就近辦謝〇〇恩摺
初二日陰有雪意　約聯春卿侍郎偕同往拜各國使臣本日拜英俄美
義和比六國自一點鐘起至三點二刻止每處以二刻為度英

使薩道義 俄使雷薩爾 美使康格 義使羅瑪納 和使羅敦
署比使賈牒爾亦可謂窮日之力矣
初三日霽 陳雨蒼璧 于蔚若式枚 商政務處設立公所事 午後
接拜法德等館 法使鮑渥 德使穆默 日本使內田康哉 奥使
齊幹 署日使賈 思理 總稅務司赫 德 昨今兩日每日各拜六處
初四日晴 未刻外務部到任 拜印 接袁慰帥並慕韓電敬悉
○○皇太后○○皇上於本日辰刻啓鑾午刻渡黃駐蹕 新
店 聞擇定二十八日進城 電抄遠播 大慰天下臣民之望矣

初五日陰 早起忽作眩暈楊廉甫謂節近冬至浮火上升積
勞所致也今用青果洋參代茶飲可平復自朝至暮仍照
常見客惟未敢出門耳。兩宮聖駕本日駐蹕延津縣
初六日晴 見客四起午後到外務部隨同慶邸核定丞參並郎中員外主事各八缺
章京二十四缺當即揭曉丞瑞良顧肇新參陳名侃紹昌英使薩美康
使均荅拜。兩宮聖駕在延津駐蹕一日以風大難行也
初七日微雪 馮子光柯貞賢同見商正定預備輪車事宜午後
到署與琴軒春卿談去年亂後事。兩宮聖駕駐蹕衛輝

初八日陰微雪 見客四起午後到署日本内田使答拜段芗山、長佑之弟幼谷係丁酉拔貢名榮美爲郴孫治足疾頗有效驗見而謝之 ○兩宮駐蹕淇縣

初九日晴 見客三起未刻到署與齋使比日賈署使答拜楨兒侍奉到京料理粗畢本日乘輪車於回○○行在供差連日眩暈未已頗爲所苦回京十日客尚未拜也○兩宮駐蹕宜溝驛

初十日陰 方勉夫徐花農姚子良先後來晤午後隨同慶邸赴俄館開議東三省事○兩宮駐蹕彰德府

十一日晴 楊藝芳來久談午後到署○兩宮在彰德駐蹕

一日夜冬至祀先

十二日晴 竇子楨來見未初到署意和兩羅使先後來回拜○○兩宮駐蹕磁州○輓李文忠聯曰兩宮垂涕念勳勞自中興相倚至今何意騎箕失良輔四海同心覘大局以我公未了之事何堪借箸屬微才

十三日陰 見客六起沈子梅久談未正到署○○兩宮駐蹕邯鄲縣

十四日晴 見客三起申初到署俄雷使答拜○○兩宮駐蹕

臨洺關 稍兒於本日抵邢台

十五日晴 見客七起近日眩暈漸愈而疲乏特甚今日未到

署稍資養息。兩宮駐蹕順德府

十六日晴 見客八起甚憊未正到署德穆使答拜。兩宮在

順德駐蹕一日

十七日陰 見客三起申初到署近日江西甘肅送出教案尚

未得知究極情形殊懸系也。兩宮駐蹕內邱縣

十八日晴 見客五起午後出門答拜極受之處久坐歸途到

署。兩宮駐蹕柏鄉今年天氣奇寒今日尤甚
十九日晴 見客四起申初到署接蘭言電駭悉紡放均於
十四日病故三十餘年舊友漢上事深資倚任遽爾化去
良堪悼惜替人尤難得也。兩宮駐蹕趙州
二十日晴 見客一起午後詣慶邸商件順道答客至秋坪家
一看淒清氣象殊難為懷詣恭邸道謝此次回京嗣王送如意。四側福晉亦送席
四側福晉諸見並令嗣生〻五格〻出見坐談有頃恭邸側福晉
四人此其最長蓋侍邸年久習知書日〻文誼也回寓已近上燈

矣。兩宮駐蹕 欒城
二十一日晴 作爲七十二歲生辰親友賜顧者不少午後到署慕
韓先回京料理私事下榻寓齋晤談別後情形甚悉。
兩宮駐蹕 正定府
二十二日晴各國元旦 胡雲楣張燕謀来晤午後就近謝步順道到署
有旨二十二二十三駐蹕 正定兩日
二十三日晴 偕部院堂官赴各使館賀年除俄館外共十處
和羅使夫人日賈使妻女均出見沿西俗也午初二刻起至申初

二刻畢事亦云憊矣

二十四日陰 就近謝步到署法鮑使答拜 8兩宮由正定乘火車至保定駐蹕 有８旨擇於二十八日回宮

二十五日晴 就近謝步晤雲楣談到署

二十六日陰 有雪意 本擬休息一日乃竟日見客八起天氣奇寒殊乏味也

二十七日陰 午後見客兩起到署華俄銀行代辦璞科第來見 楨兒由行在回京

二十八日晴　巳初出崇文永定兩门赴馬家堡昇生甫邀至提督

衙门帳房便飯午正二刻8兩宮聖駕乘火車到堡跪迎

後隨8駕進城入直申初入對（88聖駕未正進宮）○乾清宮（西暖閣）隨眾請88安後

碰頭謝88恩（賞雙眼翎）是日無事仍散直

二十九日晴　卯正入直午初見起申初二刻散直疲極是日至京五

公部院大臣請8安至○乾清宮正殿（西暖閣）叫大起約五六十人

三十日晴　卯正二刻入直巳正見起午正二刻散直小憩到署8

賞元宵二百枚醃白菜四棵（碗）菜十二色點心兩（四）種時已掌燈矣

十二月初一日晴　見面磕頭奏〇派稽察欽奉〇上諭事件處碰頭

謝〇〇恩咨仍具摺與榮相連銜本日同奏此〇旨　也未正散直倦甚

未到署〇是日並奏〇派赫辦路礦總局瞿鴻禨爲會辦張

翼帮同辦理

初二日晴　〇賞燕窩閩海貢　見面磕頭未初散直見客兩起到署

是日子玖到外務部任

初三日晴　未初散直見客三起小憩甚酣

初四日晴　未初二刻先散到署日本內田使來遞國電賀〇〇回鑾　申正

歸見客四起乏不可支矣應季中 穗閣以知府分發江蘇下榻

寓齋明日南旋晚飯後話別

初五日晴 未初二刻散直回寓小憩到署

初六日晴 午正二刻散直回寓小憩到署大西洋即葡萄牙使白朗穀

初到来見慶邸在座

初七日晴 榮相家有喪事請假十五日午正散直到署偕部院堂

官赴俄館拜年

初八日晴 領班入對午初散直小憩下午見客八起陸純伯樹藩

其一也。賞臘八粥又黄花魚六尾
初九日晴 見面磕頭午正散直榮相娶姪媳（仝）（完姻）榮相遣嫁兩處道
喜便道答客申初到署回寓後来慰帥来久談
初十日晴 。賞藏香（兩束四十枝） 見面磕頭午正散直未到署見客五
起吴調卿懋鼎其一也
十一日晴 午正散直回寓小憩見客兩起（秦佩鶴、陳立齋） 到署 。賞湯羊
十二日晴 午正二刻散直（入對四刻十分）到署偕同僚屬公祭李文忠公送來
慰帥行。英主於明年西六月加冕派鎮國將軍載振充頭（加貝子銜）

等專使前往致賀夜微雪

十三日晴 英法俄德日本大西洋六使臣遞國書○乾清宫正殿站班退直後袁慰帥約孟九卿朝房議件回寓客来絡繹直隸道府居多寶缺候補俱有

十四日晴 午初二刻散直見客一班一起 穆孫自奉天来已請補通化縣

十五日晴 午初三刻散直小憩到署義使羅瑪訥約晤提台州礦務事日本新設正金銀行辦事人鍋倉直並澤村繁太郎来見孟孚夜談

十六日晴　賞福壽字見面磕頭未初散直出朝陽门詣東嶽廟奠仲華夫人遇崑筱峯相國談歸途到署

十七日晴　未初散直政務處到閱用國防借滋玖兩公同日到任設在東華门内舊時會典館　未正二刻回寓乏甚小憩見客一班慎初穆孫夜談

○徐花農閣學○○聖眷素優前以屢被論劾撤去書房本日復經御史黃曾源參奏詞甚拉雜奉　旨革職仍奉　　慈諭作為　特旨勿叙參案　聖心可想見也花農不自檢束遭物議者久矣余此次回京即囑其杜门謝客亟求補

捄孰知已來不及矣不知自愛辜負8天恩此才作此結局惜哉

十八日晴 午正二刻散直到署美康使日本內田使先後來慶邸在座

燈下復任筱帥書

十九日晴 封印 十二國使臣覲8見 英法俄美德日本意奧比和日斯巴呢牙大西洋 未初禮

成散直○○賞大卷江綢三卷帽緯一匣此係例賞見面磕頭

二十日陰雨 午正散直天寒氣甚重下午雪見客兩起

二十一日陰 未初散直榮相銷假入直下午到署8 8太后賞各色線縐四大卷

貂皮六張○是日入直自景運門至直廬路滑不能開步兩蘇

拉扶掖以行十分費力亦向所未經也

二十二日陰 見面磕頭謝尺頭貂皮賞未初散直到署 慶邸約赫德来商件回寓将上燈矣北風料峭寒甚。孫家鼐授大學士李文忠遺缺

二十三日晴 太后賞福壽字並融和二大字直幅聯漢碑景飲醴匾額見面磕頭午正散直是日 皇太后御養性殿觀見各國使臣夫人及各隨眷屬共十三人子女七人計八國。前期奉 派詣 寧壽宮照料一切 賜宴樂壽堂分男女兩處男兩宮親加慰勞係領衛公使與國齋斡及各國繙譯各齋眷屬由齋帶領也

申初竣事此乃千古未有之創舉可謂躬逢其盛矣

二十四日晴 巳初入直是日内閣進殿閣單請○○旨榮授文華殿

韶授文淵閣孫授體仁閣當即碰頭謝○○恩午正散直到署

二十五日晴 具摺謝○○恩入對四刻未初二刻散直小憩甚適

見客兩起○謝○○恩摺内有家住西湖曾仰○文瀾之傑構

身依○東觀幸窺○秘府之藏書一聯頗好章京王郁雲

慶平代擬也

二十六日晴 辰正詣○懋勤殿跪進春帖子蒙例賞福方絹箋硃錠湖筆見面磕頭午正

二刻散直回寓小憩到署料理年事將次就緒○○賞大卷荷包四

對又黄緞繡花小荷包一箇亦年例也小荷包花衣期内應挂在胸前

二十七日晴 見面磕頭謝荷包賞 午正散直到署 德使穆默来論津

鎮鐵路事 是日立春 賞春餅並十二碟 是夜敬神

二十八日晴 軍機章京開保 楨兒以辦理 行在電局微勞亦在

開單之列 惟聲明不敢仰邀奬叙 仍蒙 諭旨以四五品京堂候

補 辭不獲命 當即碰頭謝 恩 午正二刻散直到署 俄雷

使法 鮑使先後會晤 慶邸在座 具摺謝 恩

除夕晴 卯正入直 辰正見起 賞荷包手巾又小荷包一内盛金銀八、

寶並小金銀錁各一見面磕頭是日奉浙江四災蠲緩 恩旨

四道當即磕頭謝 恩述 旨後詣 甯壽宮行辭歲禮

太后陛 養性殿 賞春條太平有象四字果盒一平

金帶穗荷包一內廠小銀錁二錠禮成午初散直晚祀 先畢今歲今

年在京者男七人女六人家庭之樂頗慰老懷

壬寅日記

光緒二十八年歲次壬寅正月壬寅年七十三歲

元旦壬戌晴　卯初入直卯正穿蟒袍補褂召對兩宮賞福字荷包金銀八寶

金銀錁並錢均如年例辰正二刻88太后陞88皇極殿

受賀8皇上率同行禮巳初二刻8皇上陞8太和殿受

賀以上均穿朝衣朝冠本色貂褂　巳正二刻88壽皇殿隨同行禮蟒袍補褂　午

正回寓下午小睡酬不可言

初二日晴　卯正坤甯宮喫肉o內廷王公在前次軍機次蒙古

王公漢員止軍機三人共三十九人巳初入對午正散直出神武门後门

至恭醇禮慶各邸賀年並順道拜四五處往還將二十里矣

未正回寓慕韓仲瀛季苓孟孚諸君均候晤

初三日晴午前微雪 入對五刻午正散直小憩到署

初四日陰 入對四刻餘未初二刻散直歸途拜客數家春寒甚重

初五日晴大風 入對三刻五分午正散直視醇邸二旬8賜壽風狂似

吼歸途未能拜客未正到署飯李文忠八旬冥誕恭詣行禮

就近賀年拯雲楣處少坐回寓已酉初矣

初六日晴 入對四刻五分午正二刻散直到署各國公使來拜年部院

堂官到二十餘人樊國樑林懋德第二起赫德第三起亦年例

也樊林皆北京總主教林副主教

初七日晴 入對將四刻午正一刻散直就近拜年英使薩道義

招飲酉正在衙门會齋偕子玖長臣康民赴之叙譚甚適戌正

二刻散歸

初八日晴 入對三刻十分午初二刻散直下午四牌樓以南拜年往子

谷處少坐 仲瀛赴保定不在京

初九日晴 午初散直下午到署

初十日晴 午初三刻散直 見客兩起 佩鶴辭行赴福建學政任 許子原

丈商會館事

十一日晴 入對三刻五分 午正散直 下午到署就近拜年

十二日晴 入對將四刻 未初二刻散直 東北城拜年 歸途到署

日本内田使来 宋祝三軍门遞遺摺 卹典甚優 追封男爵 照尚書

例賜卹 入祀賢良祠 三者 尤異數也

十三日晴 晨大霧 入對二刻 午初 述 旨 十二國使臣覲 見賀年

由外務部帶領 禮成散直 杏孫補工部左侍郎

十四日晴　午正散直到署蔔使白朗穀约晤慶邸在座

十五日晴（上元節）　保和殿筵宴辰初入座蒙古王公文職漢一品滿二品咸

與焉余京秩多年乃初次躬逢盛典（觀壽起舞　慶隆舞）云巳初二刻入對午初

散直見客一班　黃承乙　唐景崙　何紹先

十六日晴　辰正二刻入對巳正述〇〇旨是日〇乾清宮廷臣宴午正入

座共八桌東邊禮親王世鐸榮祿一桌崑岡崇禮一桌瞿鴻

禨張百熙世續一桌徐會灃葛寶華阿克丹一桌西邊蒙古

王那彥圖王文韶一桌徐郙敬信一桌鹿傳霖裕德一桌貴恆

松溎一桌（計御前大臣大學士六部尚書理藩院尚書除差假外共十八人）張百熙筝酒孫家鼐請假撤下酒醴笙簧禮儀肅穆非昨日。保和殿可比矣禮成（演戲三齣）謝恩有盤子賞計蟒袍〻褂料朝珠如意磁花瓶六色如萬歲（壽）賞戲例退直回寓小憩到署與使齋幹来慶邸在座酉刻德使穆默招飲偕慶邸子玖春生（卿）趂之榮相雲楣振貝子張燕謀在座盡歡而散

十七日晴午初三刻散直日本使内田康哉為新設之正金銀行鍋倉直出名請客席設餘園未正同人會集榮相處赴之演福壽班聽戲三齣酉正先散

十八日晴 入對四刻午正散直比署使（賈爾牒）来寓請見言有交件商議及見面亦不過尋常交涉事並無機密重情也又見客兩起（沈敦文 裕壽田）

十九日晴 午初三刻散直下午到署法署使賈斯那来酉初回寓見客兩起（施有方 劉鏌雲）夜雪達旦得二寸餘

二十日陰 巳初入對午初述旨是日各國使署眷屬覲見皇太后賀年仍由外務部帶領並料申初禮成退直

二十一日（晨微雪 午後霽）午初二刻散直下午到署昨今兩日榮相患頭疼

未入直

二十二日晴 入對四刻午正散直小憩下午到署見客兩起 許子原丈 陳鶴雲

二十三日陰 入對三刻午初二刻散直見客四起 劉星階宇春 劉給諫學謙

新授鳳陽府裕厚 夜雪

新授承德府延譽

二十四日晴 入對三刻午初散直見客一起 新授松潘鎮總兵郭殿邦 下午四牌樓以南補拜年到署法署使賈斯那来

二十五日晴 午正三刻散直慶邸酌十二國公使酉初偕子玖赴之計中外四十餘人極為歡洽回寓已亥正矣

二十六日晴　午正二刻散直小憩到署約張燕謀侍郎來商路鑛事宜

二十七日晴　未初散直下午到署見客一起　楊誠之　兆鋆

二十八日晴　入對四刻十分午正二刻散直見客四起　馬景山　陸純伯　徐鏡第（美卿）　張翙賢

二十九日晴　午初散直下午到署

三十日晴　入對三刻未初散直答拜袁慰帥少坐下午到署

是日換洋灰氅一套

二月朔日晴 辰初 坤寧宮喫肉 辰正入對 巳正三刻散直 下午
到署 英薩使挈其頭等參贊壽訥理来見 酉刻美康使招
飲 席散後聽其眷屬操洋琴 聲調絶佳 得未曾有
初二日晴 入對四刻八分 午正二刻散直 到署 德穆使 日本内田使
先後来晤
初三日晴 入對三刻五分 未正散直 見客四 趙 楊藝芳 樓子樂 朱福春 景方昶
初四日晴 巳正入對 午初二刻散直 下午到署 見客四 趙 黃璟 馬宗翰
劉崇忠 高子衡

初五日晴 巳初三刻入對午初散直見客一起 趙賀榮拔貢門生河南知縣
下午到署
初六日晴 入對三刻五分午初散直下午到署 鈺孫到京潘子
韶蔣泰臣吳昆侯同來
初七日晴 入直後以外務部要事未及入對先散直到署下午
回寓見客一起 奉天交涉局委員同知劉子襄晉藻 子韶夜談杭宅家事
初八日晴 入對三刻餘考試章京第一日內閣吏部各八人戶部
四人題人安則財贍論 陸宣公奏議 午正三刻散直是日公請十

二國公使（並餞振貝子時充賀英主加冕專使）榮相子玖琴軒春卿及余作東集琴軒宅酉正入

座亥初散主客四十人頗盡歡

初九日晴 入對三刻餘午初散直到署美使康格挈粵漢鐵路公司

總辦革雷來見考試章京第二日戶部四人禮部七人兵部八

人題聽言考實論（麻陸宣公奏議）

初十日雨 入對四刻午正三刻散直考試章京第三日刑部工部各八

人題通變宜民論見客一起（知州吳畬號石腴杭州人）與子韶夜談家務

十一日陰 入對將四刻午初散直小憩到署見客一起（徐次舟賡陞）昨日換

白袖頭銀鼠褂夜大風雪起早已得三寸餘

十二日風雪 巳正入對午初二刻散直華儀銀行請客餘園有戲申初偕榮相子玖赴之坐兩點鐘又同赴日本内田使之約回寓已亥初二刻矣竟日風雪入夜始止順天府報六寸其實盈尺矣是日 上諭處帶引 見

十三日陰 榮相嘆發足疾未入直巳初二刻入對午正一刻散直到署

十四日晴 巳正三刻散直看榮相病借同人此次發較劇因病又觸動喪明之痛對之惻然先光祿諱日見客三起張燕謀張錫鑾浙江知府尹華吾良子齡夜談

十五日晴 午初散直下午到署泰臣昆侯夜談

十六日晴　巳初二刻入對午正二刻散直榮相請假五日有應商要件偕滋玖兩君往晤〃〃未能多談也下午見客四起胡雲楣　樓子樂　張彝祐　彭友蘭　子韶夜談

十七日晴　巳正入對午初二刻散直下午到署

十八日陰　午初散直微有感冒未到署　子韶昆侯同伴回南

十九日陰微雨　入對三刻午初二刻散直感冒未瘳入直殊勉强也

二十日晴　午初散直感冒仍未愈疲乏之殊甚三日未能見客矣

二十一日晴　御史黄曾源言事稍有牽涉以樞垣近保京堂與例

不符並及楨兒奉旨存午初二刻散直榮相壽日祝〻感冒

小愈畏風仍未能到署

二十二日晴 巳正一刻散直剛世兄玉麟自山西回京來見勉

甫來久談

二十三日晴 入對三刻午初二刻散直到署德使穆默來見客一起

沈子梅辭赴上海 樓子樂辭回山東匆〻趕城未及見也

二十四日晴 午初二刻散直詣榮相處商件下午到署

二十五日晴大風 巳正散直到署義新使嘎釐納初次會晤又法鮑使

帶彌樂石來見丹旗東識也本日88上賞銀一千兩88將隨扈88東陵

因有是傳8諭見面謝8恩不必具摺

88賞

二十六日晴 見面磕頭謝8恩賞上88陵盤費巳正二刻散直

下午到署作陸春江加單敘臣到省

二十七日陰 午初一刻散直答義嘎使未到署見客三起作杏孫信 回寓 鈺孫帶去

二十八日晴 入見對三刻午初散直見客四起雲南幾領事彌樂石

來見漢國舊識也鈺孫南旋景周敘臣同行

二十九日晴 午正二刻散直慶邸生日祝之 送如意一柄 到署見客二起 張燕謀 陸純伯

三月朔日晴　午正散直本日俄約畫押俄使雷薩爾偕譯柯里索福大局粗定政足慰也回寓見客一起許子原丈本日放揚州府

初二日晴　午正二刻散直到署義參贊威達雷大西洋使白朗穀正金銀行大總辦東來銜名相馬永允先後來見酉刻赴比署使賈爾牒招席散回寓已戌正矣

初三日晴　午正散直檢點行裝一切就理小憩甚酣補昨日之乏也

初四日晴　昨散直後○○賞各種餑餑八匣見面磕頭午刻帶領義新使噶蠻納○覲見徐孟翔到京來見久談

初五日晴　午初二刻散直本擬未刻出城先赴燕郊同人相约均

明日黎明啟程從從

初六日晴　皇太后　皇上啟鑾祇謁　東陵寅正先行辰正三

刻抵燕郊行營（以蹕道處路程單作八十里其實不過六十餘里）慶甲隨行小憩未正

上门　兩宮申正二刻到酉初三刻入對（先請安）酉正一刻散直通永鎮

李安堂中軍副將張士翰来見　賞餑餑兩大匣

初七日晴　寅正啟行辰正二刻抵白澗（單開七十四里）小憩未正上门　兩宮申初二刻到

申正三刻入對（見面磕頭）酉初一刻散直袁慰帥周玉山方伯楊蓮甫觀察先後

来晤○賞菜點白肉

初八日晴　寅正啓行巳初一刻抵隆福寺單開八十七里申初上门○○兩宮申正三刻

到酉初二刻入對見面磕頭　酉正散直○賞菜點共昨奉○○面諭隨

時賞菜不必磕頭

初九日晴　○○兩宮謁○○陵○○定陵○○惠陵均隨同行禮禮成即上门時方往返約五十里單開七十四里

未正○○兩宮申正一刻回○○行宮酉初二刻入對酉正散直

初十日晴　卯初上门卯正二刻入對辰正三刻叫散是日○○○孝貞顯

皇后忌辰○○兩宮詣○○定東陵行禮並行大饗禮　並閱視○○菩陀

峪〇〇萬年吉地工程申初二刻回〇行宫站来回班 賞六菜二點

十一日晴 寅初三刻由隆福寺啓行卯初三刻抵桃花寺（單開三十九里）小憩

（初）巳上门〇行宫在半山涉降頗費力〇〇兩宫巳正二刻到午初

二刻入對午正二刻散直天氣炎熱須穿夾衣惟早晚尚涼耳

賞菜點豆粥又賞金腿（四肘）醃鴨（四隻）羹鱼醬（一桶）莧筍（一磁壜）

十二日晴 寅正啓行辰初三刻抵白澗（單開五十九里）午初上门〇〇兩宫未正到

申初入對二刻散直 賞菜點荷葉粥 本日換夾袍褂一套

十三日晴 寅初啓行辰初二刻抵燕郊（王公百官至此迎〇駕）午正二刻上门〇〇兩宫未正三

刻到申初二刻散入對申正散直替中軍張士翰保定府陳立齋

來見　賞菜點豆粥　賞黃花魚

十四日晴大風　丑初啓行五十三里黃廠茶尖又五十三里辰正抵南苑團河慶邸

備有公所時邸管理奉宸苑也申初上門徐菊人來晤8兩宮戌初到途長

風大行走未能迅速程戌正入對二刻散直是日憊甚

十五日晴　卯正上門辰正入對王公百官遞全牌巳正散直本日有8旨二十二日回宮嗣茶

邸胡雲楣陳玉蒼先後來晤楨兒挈慶同晉孫來迎　賞廣橙甘蔗

十六日晴下午微雨　卯正上門辰正二刻入對巳正散直午刻楨兒挈慶甲晉孫

回城慶同留侍　賞滷雞鴨各兩隻肘子一對　新授陝藩夏蔽軒嘗来見

十七日霽　辰正三刻入對巳正一刻散直　王發甫来談

十八日午前陰午後晴　卯初二刻上门辰初三刻入對辰正一刻散直○○兩聖臨幸

新宮距團河十五六里　面諭隨同前往散直即行○○兩宮巳正到站進

班後有○○旨宣軍機大臣進內隨侍周歷各處並登樓瞻眺○○（樓高三十四級）

兩聖均用千里鏡遠望京城言歷歷如在目前也此處地形高於京

城徘徊久之隨侍者近支王貝勒外惟慶邸及軍機三人　是日子玖移居未入直

御前及內務府大臣均不與焉非常榮遇亦夢想所不到耳午初二

刻回園河。行宮站出班下午周玉山方伯来談又慕韓自城内来
京寓送来鰣魚兩尾係黄花農寄京以一尾送榮相
十九日晴 卯初二刻上门辰正一刻入對三刻散直○○兩聖臨幸舊
宮距園河二十餘里仍隨同前往散直即行○○兩宮午初二刻到站班後隨侍
進内者較昨多御前大臣二人内務府大臣二人子玖入直共九人在西
配殿○○賞食麪飯謝○○恩退出站出班未初二刻回園河。
行宮 慕韓来談 慶甲自城内到此
十九日晴 散直後○○賞游。行宮後苑坐船共十二人御前三人慶邸 肅三郎軍機四人榮王鹿瞿南

書房（張百熙、陸潤庠）二人內務府（世續、繼祿）二人其一人則直督（袁世凱）也並○○賞午膳謝○○恩退

出時已末初玉山來久談孟孚以知府分發江西日內出京來此

話别即下榻焉

二十一日陰（微雨）　卯正上門辰正入對巳初散直○○兩宮（聖）明日辦事後回宮

午刻四五兩兒先進城收拾一切竟日無事頗資憩息自十四日至

此每日均蒙○○賞菜點稀飯　榮相家有喜事請假三日

二十二日晴　入對後○○賞飯巳正二刻隨○駕進城未初一刻抵

宅小憩酣甚

二十三日晴　卯初赴○壽皇殿隨同行禮已初三刻入對午初散直見客四起呂佩芬　李士鉁　下緒昌　劉手祐

二十四日晴　榮相銷假已正入對午·初散直到外務部

二十五日晴　入對三刻午·初一刻散直到外務部見客三起左子異　夏蘇軒　高仲瀛　京津鐵路約四月廿五日交還

二十六日晴　軍機處帶領引○見園考取章京三十四員○入對出因家騏等二十四員　四刻十二分午正一刻散直客來絡繹不能徧見擇要見八人赴外務部未及徧記

二十七日晴　午初三刻散直見客三起鐸洛崙陳鶴雲何同甫世兄會祥到
外務部
二十八日晴　入對三刻午正一刻散直見客六起併作一班到外務部
ꝏ賞牡丹花二十四枝
二十九日晴　見面磕頭午正初散直見客三起楊藝芳朱伯平有基自雲南回京高子衡
三十日陰　入對三刻十分午正散直見客一起嚴晃鄉震午後到外務
部比署使賈爾牒来
四月朔日晴　午初二刻散直到外務部

初二日晴 入對三刻午初散直俄使雷薩爾挈同水師提督

思司克得羅福〻覲見帶領如儀見客郭殿邦等四起彭友（下午）

蘭辭回雲南 令發廣西知州方中蔚人〻孫 侯選同知史濟義繩〻〻子

初三日晴 明日〻常雩〻皇上詣〻天壇齋宮巳正一刻散直

到外務部 俄使雷薩爾來

初四日晴 巳正三刻散直見客尹良等一班到外務部 本日

二孫女于歸寧波李氏

初五日晴 巳（午初）正一刻散直昔滇舊幕張麥生孝榮來見以道員

分發江西又見客三起夏菽軒劉鐵雲徐傅隆鍇雲到外務部

初六日晴 內閣帶引○○見侍讀中書擬正陪請○○派批本官午初二刻散直竟日見

客 湯性泉寯允潘中泉紹燮蘇左子異孝同王瑞麟張彬何同甫劉振鏞逢恩承

初七日陰下午微雨 已正二刻散直見客一班何廷俊任廷枚吴克泰到外務部是

日黄沙蔽日申刻天色昏暗適會客須上燈亦罕有也

初八日晴 午正二刻散直見客一起軍機章京胡端臣祖謙新授徽州府到外務部

初九日晴 入對三刻午正散直李木齋自日本回京來見久談

又見客二起俞巨溟壽滄鍾笙壯鏞到外務部○○賞平定粵匪捻匪回

匯方略三種下塾磕頭次日仍具連銜摺。粵四十二函四百二十二本 捻三十二函
三百二十一本 回四十一函四百十二本
初十日晴 巳正三刻散直見客二起 張燕謀 姜桂題 又一班 卜緒昌 徐傳隆 沈葆澄 陳雲霖
到外務部
十一日晴 入對三刻午初二刻散直見客三起 趙次珊爾巽新授晉藩 徐公皆思謙同鄉
以道員分發直隸孫
天錦借補冀州〻判
十二日晴 入對將三刻午正一刻散直到外務部
十三日晴 入對三刻午初二刻散直見客一起 沈幼嵐世培 到外務部

英薩使來大孫壻翁惠夫康孫到京以知府分發江西本日自朝至暮時覺眩暈作泛至夜半吐瀉交作腹痛若絞有似霍亂天明始漸平復廣生診之即服其方

十四日晴 通融一日廣生復診並昨方略有加減諸恙悉平惟尚不思飲食耳

十五日晴 勉強入直入對將四刻午正一刻散直眩暈仍未全瘳胃氣亦尚滯澀下午差勝是日考試二差

十六日晴 午初散直世博軒宗伯續五旬賜壽祝之惠夫來談

十七日陰 入對四刻述旨後 南書房覆閱考試〻差卷呈

進來候欽定發下拆封開單進呈叫散已申正矣

十八日晴 入對三刻午初二刻散直來邸五格〻出閣偕榮相往賀

見四側福晋 許子沅丈辭赴揚州任穆孫自浙到京顧润生

〻子雲鵬來見

十九日晴 午巳正二刻散直到外務部

二十日晴午前微雨午後晴 午正三刻散直見客一班李福興 韓紱 蒯德浦 方紹渠 下

午到外務部

二十一日晴　入對三刻五分午初一刻散直見客一班　潘效蘇何廷俊均辭

行施稚桐啓孚明保引○○見

二十二日晴　入對三刻午初二刻散直到外務部　英薩使美

康使先後來

二十三日晴　午正三刻散直李文忠靈櫬二十五日出京回籍本

日外務部公祭見客兩起　王繼〻善〻承魯風同年〻子張燕謀商局務

二十四日晴　午初散直見客兩班　靈壽〻椿何維棣海福新授金華甫孫麟伯鍾祥沈訓悉

到外務部　○○皇太后賞紗葛四大卷鍼黹一匣香袋一掛○○○

御筆畫扇一柄

二十五日晴 見面磕頭 午正散直 路礦總局移設西堂子胡同本日

開局 偕子玖前往一轉 見客一班 志壽臣 彭易安甫 彭佩芝 見紳 徐炳倬 到外務部

二十六日晴 巳正二刻散直 見客三起 一班 趙次珊 李鄰遠 一起 黃花農 一起 任樾華 一起 老壽

臣 彭李藝淵維翰 席蕭應椿 啓驊 黃步庭 一班 到外務部 穆孫夜談 明日赴奉天 已補通化令

二十七日晴 午初散直 下柳門世兄 緒昌 辭行 以道員分發湖北

二十八日晴 皇上賞紗葛十四件 帽緯一匣 見面磕頭 午初二刻

先散 偕子玖往拜俄國親王者理勒者 旋至外務部答拜

二十九日晴 入對 三刻 午初二刻散直到外務部

五月朔日晴　俄國耆親王覲見即日俄雷使招飲酉初赴之席散已戌正矣　是日在座有醇恭慶肅四邸洵濤兩公軍機處外務部均全堂蓋將以之交接之廣誇示彼國親王也

初二日晴　午初述旨外務部公請俄耆王席設慶邸午正赴之未初客到即入座客廿一人（耆王雷使等）申初二刻席散回寓亦甚憊矣　蘭言自漢口到京

初三日晴　午初二刻散直到外務部與蘭言夜談

初四日晴　巳正散直午後見客三起　吳煥其德章時出使奧國　李藝淵維翰　施稚桐啟宇

到外務部 太后賞粽子四棒盒翅席全筵

端午節晴 見面磕頭是日 太后傳各國公使夫人等遊讌仍

諭令外務部帶領由 樂壽堂至 養心殿相距既

遠特方正午 命慶邸及韶奴庸同往 天恩高厚體

恤入微曷勝欽感宴畢 賞戲申初二刻禮成散直

初六日晴 入對四刻午初二刻散直見客四起黃花農許子純

涵度 江蘇試用道楊觀圭前永平府重燠

初七日雨 巳正三刻散直見客一起前長沙令張祖良 現捐道員

指台廣東法鮑使招飲酉初赴〻部院堂官不少亦創格也

望雨日久未正渥霈甘霖至晚未已可喜〻至

初八日晴 巳正二刻散直花農辭赴湘臬任又見客二起 向人冠 柯鴻年

到外務部 夜雨

初九日晴 午初散直見客兩起 劉健之禮乾 仲良之子 鄧炬 到外務部惠

夫明日引見下榻寓齋

初十日晴 午正一刻散直陳篁孫石兆文自奉天回京來晤

久談到外務部

十一日晴 入對三刻午初二刻散直李徽莊厚祁来見二孫婿之（號徽五）胞兄（鎮海人以知府分發江蘇）到外務部 酉初二刻陣雨甚大天容昏暗非上燈不辨字跡時距日入尚七八刻也

十二日霽 午初散直見客二起（豐伸泰號升卅甘泉臬 翎俞辭兖州府任）張 福建正考官載昌副考官吴蔭培

十三日晴 入對三刻八分来正一刻散直到外務部高子衡来晤

十四日晴 入對三刻五分蒙8賞石印大板圖書集成一部（此書係前數年在上海石印用泉板）當即下墊磕頭每部計工價銀三千五百兩 本日共8賞

五部軍機四人外王公惟慶邸得與亦8異數也未初一刻散直李香遠辭行赴江藩任又見客一起 鄧寶真琦貴州人江蘇候補道到外務部 外孫壻周昂生以知縣分發江蘇到京引8見寓中竟無下榻處殊覺歉然8本日與宗人府堂官同見起

十五日晴 午初散直見客二起 張子豫桐華 倪世兄善慶 到外務部比署使賈爾牒來

十六日晴 午初一刻散直陳鶴雲來晤又見客三起 新授河間府丁象震李仲平毓森丁向槎士源湖州人 到外務部 換亮紗一套

十七日晴 巳正三刻散直昴生之兄子侣来見

十八日晴 入對四刻午正一刻散直冒鶴亭廣生来見如皋冒筱山之姪孫年甫三十著作已斐然可觀未易才也又見客兩起（余易齋思到外務部 詒劉秀和）

十九日晴 巳正二刻散直午初美康使挈同水師提督婁哲思々覲見帶領如儀鈕孫到京（潟以道员 分發江蘇）長孫女及慕孫同来和使羅敦招飲酉正赴之此又意外之酬應也本日見客兩起（汪頌年詒書新放廣西學政 汪曾保稚泉之姪浙江知縣）巽卿自漢口来

二十日晴 入對三刻午正一刻散直到外務部 李提摩太、璞科第先後來見 徐叶頤自杭州來

二十一日晴 午正二刻散直見客兩班 陳甄甫、沈少嵐、方勉甫、吳楚生、王會釐、王安中、陳龍昌、吳錫庚 到外務部

二十二日晴 午初散直見客一班 張樞、張士翰、增韞、程菊齡 到外務部 約李提摩太來商論民教相安之法 與蘭言夜談家務

二十三日晴 入對將四刻午正散直見客三起 新授雲南學政吳肅堂魯、新放四川副考官俞階青陛雲、新授江西臬司陳鶴雲 下午答周玉山中丞久談 新授山東巡撫 夜大雷

二十四日晴　入對三刻午初散直劉雨蘋安濤　劉澄如錦藻梯青

安注　三昆仲同見雨蘋爲慕孫之岳丈澄如梯青皆其外岳

也又見客兩班一起夏用卿同龢新放湖南副考官李福興李振鵬孫

幼穀葆瑨吴炳聲蕪湖道吴季卿之大令郎

到外務部

二十五日晴　入對將四刻未初一刻散直玉山中丞來久談又見客二

起沈仲禮敦和前高邑縣唐則瑀　到外務部

二十六日晴　入對四刻午初散直答拜劉氏三昆仲見客三起蕭仁

暉李昌運易寰甫　到外務部

二十七日晴　入對三刻午初二刻散直到外務部

二十八日晴　入對三刻十分午初散直見客三起　李士鉁湖南正考官沈吉齋善謹候選知縣張麥　劉君旻廷鈞以道員分發湖北景邸有信生辭赴江西

二十九日晴　入對四刻巳正三刻散直到外務部　李提摩太來見

六月朔日晴　入對三刻十分巳正二刻散直到外務部樊國樑來見

初二日晴　入對四刻午初散直王灼棠中丞之春新授桂撫來晤久談又見客一起　曾泳周廣祚分發江蘇補用道澄侯四先生之孫　到外務部　本日換黃葛紗袍綢緞冠　接嘉定信適吳氏內姪女以時症病故有娠

八九月矣聞之不勝悚悼
初三日晴 入對三刻巳正二刻散直是日鈺孫引見奉○○
旨以道員分發江蘇當即碰頭謝恩上燈後玉山
來久談 酷熱非常幾不可耐
初四日晴 辰正三刻入對巳正散直到外務部 酷暑尤甚
於昨爲往年所未有年老氣衰更覺難受
具摺謝恩鈺孫另摺
初五日晴 辰正二刻入對巳正散直炎蒸可畏未出門亦未見客
初六日晴 辰正一刻入對巳初二刻散直陳鶴雲辭赴江西臬

司任到外務部

初七日晴　辰正入對三刻巳初二刻散直見客一起　記名提督韓國秀到京引見

雲南舊屬　德使穆默請假回國倩子玖琴軒往送之

初八日晴　辰正二刻入對午正散直見客三起　李福興本日放瓊州鎮　羅仰姪江蘇道　羅孝連　丁焱甫立燊●汪子新選廣西岑溪縣　慕韓出使法國到外務部　法署使賈斯那挈四川摠領事哈士及礦務公司戴瑪德来見

初九日陰陣雨　特有　　文宗誕辰　　壽皇殿隨同行禮巳初入對巳正二刻散直竟日見客不記次數　劉澄如　楊誠之　兆鎏出使比國　汪建齋　蒯德浦　施稚桐　丁道甫　丁焱甫　雷培株

趙瑞 蘭言夜談

三

初十日午前微雨後晴 辰正一刻入對三刻 巳正一刻散直見客兩起 楊藝芳 胡

毓〻蕓熙青浦人胡 到外務部

薌生同年履吉〻子

十一日晴 辰正一刻入對三刻五分 午初二刻散直見客三起 林稚梅 志道到

京引〇〇見楊 到外務部四川英總領事哈仁来

覲圭曾廣銓

十二日雨 巳初一刻入對三刻十分 午初三刻散直見客三起 王銘澂 魯薌〻

錫〻 惺 劉更壽 劉子鶴更年均獻 玉山来久談又還天津巳

夫〻子唐 尊瑋

有成議明日具奏請〇〇旨 〇〇賞西瓜兩擔豌豆大麥各五斛 高梁粉

十三日陰 辰正三刻入對十分 三刻 巳正一刻散直是日具摺奏保勸辦
振捐出力員紳 鈺孫 不敢仰邀獎敘仍蒙8恩交部議敘懇辭
不獲當即碰頭謝8恩午後見客四起 朱艾卿益藩作放浙江正主考慶錫庚子偕
〻弟林怡游四川洋務委員鄭鴻 下午到外務部本日具奏
壽福建候補知府小溽同年〻子
收回天津事宜一摺奉○○旨依議欽此 約定四禮拜內交還
十四日午前陰午後晴 具摺謝8恩 辰正一刻入對巳初一刻散直台發江蘇試用道吳敬
卿頤來見〻子 吳春泉到外務部
十五日晴 巳初二刻散直見客三起 汪頌年辭行易實甫 姚雨農自廣東來

十六日晴 巳初二刻散直到外務部慕韓來談

十七日晴 巳正散直見客二起 黄璟赴日本考查農務道建齋辭赴江西 到外務部夏犇來談 鍾竹懷聞訃雨辰夫人於十三日作古

十八日午前雨後霽 巳正一刻散直見客三起 吳子佩高子衡三六楠多彬江驛防

十九日晴 巳正二刻散直見客二起 景方昶唐少川 到外務部美康使偕其〔偕博覽〕總會欽差〔總辦〕巴理〔禮〕德來晤 會在彼國散魯伊斯地方後年為得此地百年之期故作是會

二十日晴 入對四刻午初二刻散直赴美館答拜巴禮德見客兩起 林稚梅劉鐵雲

二十一日晴 皇太后賞。。御書長壽字一幅又。。賞閩貢燕窩

見面磕頭分兩次。巳正一刻散直見客兩起 唐致隆 唐則瑀 美康使

招飲酉初赴之巳禮總任座 巴山来為周歷各國邀請赴會

二十二日陣雨夜 巳正散直康格帶巴禮德。。覲見帶領如儀到

外務部 和使羅敦来見

二十三日雨 午正二刻散直見客一起 李福興辭赴瓊州任 正殷望澤透

雨可喜

二十四日雨 巳正一刻散直見客兩起 新授滇撫林贊虞中丞紹年到京。陛見出使

義國許靜山觀察珏由廣東到京
二十五日雨 花衣第一日辰初入對○賞閱是樓聽戲東邊第三間軍機四人 霖雨日夜如注衣服靴襪盡濕均當時向所更换
未經也申正散歸
二十六日霽 辰初入對辰初二刻○皇上升○乾清宮受賀行禮如儀辰正入座聽戲○賞如意袍褂料荷包花瓶手爐螺鈿盤帽緯等件名曰盤子賞亦年例也申初二刻散歸
二十七日晴 辰正入對巳初一刻散直到外務部美康使英薩

使先後来

二十八日晴 辰正入對巳初二刻散直丁氏弟兄立棨來辭行分發江蘇

知府夏鑑臣敬觀來見 夏芝岑獻雲之子 氣宇頗好到外務部就近

答楊誠之○惠夫伉儷偕鉌孫回南巽卿叶毆同行 慕孫報

捐員外郎本日驗看

二十九日晴 巳初三刻散直世襲一等誠嘉毅勇公麟觀軒 光學

壽公主之嗣子有○○旨 年十四歲 在○乾清門行走錯例拜謁執禮甚謙

林稚梅辭赴保定到外務部○鉌孫等昨戌初到塘沽即上安

平輪船本日子初開行黄守溪電知也

三十日晴 巳正二刻散直與蘭言夜談

七月朔日晴 巳初二刻散直祝禮邸六旬壽（花衣第七日）見客一起倪松曹晨家驥分𢽳貴州知州（克齋之孫）到外務部 接滬電鈺孫已於本日抵申

初二日晴 入對三刻（午初）巳正二刻散直荅拜麟公、榮壽公主請見少坐退出到外務部。孫壻姚桐生（偶武）彥侍之長孫也以知府分𢽳江蘇到京引見昨日進城已晚今日接見人頗聰雋惟年甫二十三歲急於服官為可惜耳（賞蓮逢桃）子夜三項麩粉

初三日晴 午初三刻散直○○賞頤和園宜芸館延清賞沙果各一筐

初四日晴 午初散直見客三起新授金華府海福安慶遺缺府嵩峋直隸試用巡檢趙具奎趙係卓侯之孫瀹甫穀人之姪孫人頗明白到外務部

初五日午前雨後霽 入對三刻已正二刻散直到外務部英薩使比貫署使日本高等師範學堂學院長嘉納治太郎先後會晤

初六日晴 入對四刻五分本日係英君加冕之期已正散直後往英館道賀午後客來甚雜不及備記

初七日晴 入對三刻五分已正一刻散直袁慰帥到京來晤論

接收天津事宜又見客一起新授徽州府黃曾源到外務部

初八日晴 午初散直見客四起易實甫劉襄生燕翼劉更壽新選陳州府程懇壽到外務部

初九日晴 午初三刻散直楊誠之辭行又見客一起一班汪君穆楊兆龍倪家冀原恩瀛金銓到外務部

初十日晴 巳正二刻散直歐陽南溥霖冊以知縣解餉到京来見湖南桂陽州人乙亥舉人本日未到部客亦少頗資憩息

十一日晴 巳初入對午初散直是日榮相未入直午後見客一班吳仲頤

倪惟欽到外務部　英薩使來

十二日晴　入對三刻五分午初一刻散直渾薇孫學士毓鼎來晤知菘雲中丞已作古人矣到外務部

十三日晴　入對三刻巳正散直至手公祠答陳數甫沈吉甫松鶴齡錯署熱河都統來晤久談到外務部

十四日陰晴不定　午正散直到廠路摠局少坐巷口新開華東番菜館兒輩以其房舍精潔肴饌適口請往一遊二十年來未有之事也

十五日晴　巳正散直陳堯圃放順天副考官定於十八日赴豫辭別久談到外務部　晚膳後蘭言話別

十六日晴　入對三刻八分巳正三刻散直荅堯圃即送行曾世兄廣祚辭行旋到外務部

十七日晴　文宗顯皇帝忌辰卯初壽皇殿隨同行禮由神武門入直辰正三刻散直蘭言動身回漢口

十八日晴大風　入對三刻午初二刻散直榮相之如夫人劉氏昨軍機大臣面奉懿旨賞給正一品封典命為正室又榮相之女指婚醇親王

載澧本日過禮散直後同人偕往道喜送如意一柄即留午膳

回寓小憩時已未正到外務部令慶甲慕孫學習西國語言

文字英文繙譯全子良森教之

十九日晴 巳正二刻散直林贊虞中丞紹年辭赴滇撫任久談

又見客一班到外務部英薩使来 换藍葛紗袍

二十日晴 巳正散直見客一起一班賈子詠景仁薩鎮冰羅毅威到外務部

二十一日晴 巳初二刻散直易實甫陳彜甫先後来談又李質堂

軍门朝斌之五令郎白珍璜以道員赴部引省人極明爽

談湘垣近事頗暢留坐久之

二十二日晴 巳正二刻散直送松鶴齡行到外務部

二十三日午後陣雨 巳正散直馬景山軍门到京来晤久談到外務部

二十四日晴 入對三刻巳正述旨是日皇太后皇上幸西苑在西華门内站送穿蟒袍補褂午初散慕韓来久談又見客一起 清苑縣李兆珍良吏也前任望都任詳豁浮糧一案经余專摺奏蒙恩准爲地方百世之利至今民不能忘也 到外務部

二十五日晴 入直西苑（仍走長安門闕右門）入對勤政殿仍坐船（往還）巳正一刻散直客来絡繹不能瑣記。此次幸海 皇太后駐頤年殿 皇上仍駐瀛台 換直徑紗一套

二十六日晴 巳初三刻散直袁行南大化来見久談到外務部

二十七日晴 巳初散直嚴晃卿震自山西到京来見到外務部

二十八日晴夜雨 入對三刻巳正散直唐韡〻朱伯坪来見到外務部接杏孫沁電二件為商約畫約事即復〻

二十九日晴 入對三刻巳正二刻散直曾君詒岑旭階来見到外

務部俄雷使来。國史館送六月大建七月小建桌飯銀單劃應銀五十七兩六錢二分五厘三毫按戶部新章一四折銀八兩六分七厘五毫

八月朔日晴 辰正入對巳初二刻散直見客三起甘泉豐荷庭仲泰来邊道未行南大化前伊犁鎮王少亭鳳鳴

初二日晴晚陣雨雷 巳初一刻散直虞兩人汝霖解餉到京来見到外務部晚餞慕韓並酌甄甫喬梓及沈吉齋大令子谷兩桐生兩孫壻

初三日晴 巳正散直沈仲禮来久坐到外務部

初四日晴　入對三刻巳正二刻散直張安圃中丞人駿由山東
調河南到京来晤到外務部
初五日午前陰申後雨　午初散直至國史館閱看光緒元年至五年皇清
奏議及光緒元年至十年皇朝文武大臣年表各恭進本回寓
小憩到外務部
初六日霽　巳正二刻散直調補口北道恩觀察銘江蘇候補道李
觀察維翰同見到外務部
初七日晴　入對六刻為平時所僅有亦尚能勉支也巳正三刻散

直到外務部 英薩使蔔白使先後會晤本日為禎兒四十生

辰親友醵送打包戲賀客亦不少乏增光寵矣

初八日晴 入對四刻十分午正二刻散直見客一起 分省補用道余思詒

初九日晴 入對三刻十分巳正散直吴子佩辞回江蘇到外務部

本日内閣帶引○○見 保送奏事官

初十日陰微雨 午初散直見客一起 藏貢委員楊兆龍 到外務部 慕孫請

假回南 答張安圃

十一日陰 午初散直明日赴頤和園料檢一切並理節務栗碌竟日

十二日晴 卯初入直補袍補褂卯正二刻入對叩述○○旨 朱祖謀放廣東學政 辰初二刻
出福華门西華门西直门至 頤和園在直廬少俟○○皇上
巳正二刻到站進班後至璇鏡牌樓河濱候迎○○太后午初
○○太后乘小輪船到園站班畢至軍機公所住滋軒子玖同
寓 榮相仍住萬全莊 ○○賞蘋果四大盒約三百數十枚
十三日晴 辰正入對二刻散直榮相來公所少坐午後偕子玖答
榮相山村精舍清雅宜人菜圃果園極疎曠〻致對〻令人
忘返○○賞餑〻四盒并菜點多種

十四日晴　述〇〇旨後〇賞聽戲（德和園）東邊祇兩桌〇御前三五一桌四軍機一桌人數太少竟日未能抽身小憩（同兒來）酉正二刻始散（戲却極好）亦勉力支持矣

十五日中秋節晴　〇賞戲第二日（換芝地紗一套）見面後辰正二刻入座午初申正〇賞飯二次未正〇賞果席（碟）一次酉初二刻散戲後〇〇賞游昆明湖看荷燈乘小輪船皓月當空水天一色沿湖放燈明星萬點遠望如長虹亘天益信天家富麗非復人間所有也戌正始回寓（四兒偕喜孫來）

十六日霽　〇〇賞戲第三日述〇〇旨後巳初二刻入座〇賞果盒酉正二刻散戲〇〇賞寧綢袍褂料兩大卷內造活計一匣上〇殿

謝○○恩退出殿名頤樂 泰臣晉彬孫来（晉昨日来）

十七日晴 述○○旨後○○賞游後山並○○賜坐椅轎曠典也臨湖乘船至龍王廟少坐仍駛抵玉瀾堂下邊登岸（不數武即○仁壽殿右側）午正二刻回寓 森兒来驗悉樊氏孫壻於十五日病故意外之變不圖我家自三妹毓兒後下一輩又出此事殊堪傺惻也 森兒明日即回南料理一切 慶甲随梢兒回城（晉孫見面磕頭謝○○賞坐椅轎）

十八日晴 巳正二刻散直見客一起（内閣宋廷模）同兒彬孫回城

十九日晴（酉初陣雨）巳初入對三刻巳正一刻散直見客三起（貫子詠 歐陽霖 羅毅威）

二十日晴 巳正散直膳後進城走十一刻適姚氏孫女引官到京與（楨兒）
在塘沽見面也 換寶地紗一套

二十一日晴（夜雨風大）俄還山海關外至營口鐵路立有合同本日在外務部由全
權大臣會同雷使畫押事畢已酉初叙三出城到園已酉戌正矣（走十刻半）

二十二日晴（大風） 巳初二刻述○○旨德署使葛爾士挈同海軍提督蓋（斯樂）
○○覲見帶領如儀午初散直李藝淵維翰辭行見

二十三日晴 巳正散直伯棠隨振貝子使旋來見榮相奉○○特旨
賞假辦理喜事不具摺不限日（即日回城約定九月初五日銷假）

二十四日晴　巳正二刻散直振貝子使英事畢回京同人偕往候之少坐貝子旋亦来拜　夏地山世兄由日本假歸来晤為時已晚即下榻寓齋夜談甚暢

二十五日晴　○○○皇太后賜御筆牡丹菊花各一幅見面磕頭巳初三刻散直慕韓辞行即留午膳史戎生濟義绳之之第二子以同知分發山西来見并辞張安圃中丞明日請訓梁震東觀察（誠）明日請安先後来晤梁（現）出使美國昨隨振貝子回京也楨兕於二十四日早間平安抵滬接電甚慰　地山進城換单袍褂

關外鐵路本日收還

二十六日晴 巳初二刻散直安圃辞行又見客兩起張燕謀汪蕭九
二十七日晴 巳正散直陳蓀石来談又蘇長慶自保定来
二十八日晴 巳初三刻散直進德勝门醇邸榮相兩處道喜未
正回寓 京津鐵路本日收還
二九日晴 丑初起丑正出门卯初到 園即入直巳初一刻散直見
客一起湖北知縣姚瑞麟銘閣湖南衡陽人 滋軒由公所移寓大有莊
三十日晴 午初散直本日見面摺片内外共十六件不常有也
高仲瀛沈仲禮子谷来見即留午膳伯棠来 同兒到園

九月朔日晴　巳正一刻散直准補清河縣經令文来見接楨兒二十八日到杭後第一電　春臣回南

初二日晴　巳初述〇〇旨午刻領銜公使（康格）帶同各國使春〇覲見〇〇特賞隨同游讌奉〇勅照料原定乘船至涵虛堂清晏舫即乘轎上山由智慧海至景福閣等處因為時已晚各館尚須進城但至涵虛堂一處即散（仍〇〇賞坐椅轎）時將申正亦頗乏矣

初三日晴　見面磕頭謝昨日〇〇賞坐椅轎（太后垂詢果著否）巳正散直新授曲靖府閻六生榕祚来見（廣西人）調補直藩吴仲飴重熹到京〇〇

陛見来晤久談　慶甲到園

初四日晴　巳正二刻入對四刻五分散直朱古薇廣東學政吴仲飴均辞行又見客两起

徐賡陛次舟
夏適桐

初五日晴　巳正三刻入對五刻散直榮相来謝步少坐午正進城赱九刻五

分進德勝门法署使賈思那来晤論山西教案雲南鐵路事

初六日晴　辰正始起久不嘗此風味矣華俄銀行璞科第来見

约沈仲禮商山西教案申正起身赴園　子玖来夜談

劉峴帥於昨晨病故本日寗藩電奏到奉○恩旨追封

一等男爵晉贈太傅入祀賢良祠餘如建祠賞銀宣付史館查明子孫各節應有盡有飾終之典蔑以加矣

初七日晴　入對三刻五分巳正三刻散直見客六起　張燕謀　吳佑之　沈仲禮　徐博泉　朱慎初　陳用壎　應接竟日與在城相似矣

初八日晴　入對三刻十分午初散直見客四起　李藝淵　龐萊臣　易實甫　易五樓　易名鳳儀湖南候補道如蘇子熙明保送部引　○見紹任庭夜談

初九日晴　午初散直沈仲禮奉　○特旨名見述奏對情形甚悉

是日見客止此一起頗覺閑適　○賞花糕及餑餑四大盒

初十日晴　巳初（見面磕頭）述〇〇旨巳正法國水師提督馬立山８覲見事
畢散直見客一起歐陽（柴相給假四日）煦齋　子谷来飯後即回城
十一日陰時有細雨　午初一刻散直竟日無客甚適換夾袍褂一套
十二日晴　入對三刻午初散直教讀周視伯先生（復慶）塾手四五兩兒
到園此间清静讀書甚屬相宜回城尚（需）屬時日故移館至此
十三日晴　入對三刻巳正散直
十四日晴　巳正二刻散直早间見溢軒神氣沮喪问其有無不
適始知昨有喪明之痛　次子候選道濤理年三十歲病祇一日前日尚出门應酬也　對之惻然

十五日晴　入對四刻十分榮相銷假午初二刻散直子谷來手諭

鈺孫一紙交彬孫速寄

十六日晴　入對四刻午正散直見客三起　秦韶臣　張燕謀　沈仲禮　鄭介山同見

鄭名景福山西知府奉委來京辦理教案慈谿人

十七日晴　已正述　旨各國使臣覲　見　賞游讌陪同至涵

虛堂清晏舫景福閣等處申初散昂生明日引　見以

知縣分發江蘇桐生同來均下榻寓齋沈朗伯來晤乃郎

廣埏以同知分發廣東來送引　見也

十八日晴　午初二刻敬直進城一看崇文门大街有美國馬戲

兒孫輩請往一觀敬巳子正矣

十九日晴　巳正始起酣睡甚適申初二刻赴園酉初三刻十分到

與子玖夜談

二十日晴　午初敬直徐次舟龍覲宸蔡源深馬矩卿佩琮馬介堂之胞侄以道員分發貴州　馬聘三世珍亦介堂之侄輩以知縣分發四川　先後来見桃桐生辭行定於二十二日出京接楨兒初六日稟述家事甚煩碎　即就原函批答之

二十一日陰雨 巳正二刻散直梁振東誠来見 時將出使美國明日奏調參隨摺

二十二日晴 午初二刻散直曹燮卿廷杰来見述東三省情形甚悉 子玖夜談 姚桐生周昴生同日回南

二十三日晴 入對三刻午初散直見客三起 候選道延慶繞靜山之子曹燮卿沈仲禮孚齋昆仲下午来下榻寓齋 同兒牙痛回城

二十四日晴 巳正一刻散直孫燮翁来談又見客一起 福建候補道陳同書 榮相未入直呂鏡宇電威旭翁病故 年八十九可謂全福矣

二十五日晴 入對四刻午正散直滿章京榮華甫霈來耀山秀回事

晉孫来

二十六日晴 入對四刻十分午初散直剛世兄玉麟来見

二十七日午前陰後晴 巳正散直燕謀来晤晉孫回城署工右明日謝○○恩發甫過談

二十八日晴 入對不及刻巳初二刻散直午初隨○○駕進城下午

到外務部日本内田使辭行回國 兩宮駐海

二十九日晴 午正三刻散直奠鹿世兄送日本内田使行荅拜

韓使朴齊純回寓將申初矣汪伯棠貫子詠来見

十月朔日晴 皇上時享○○太廟辰正○○坤寧宮喫肉○○太后在座巳初○○乾清宮

同來 兩宮萬壽
德直並無貢獻
近日風氣大開
朝廷二品亦有
進奉者因公商
備一分以伸微
忱計每分大卷

西暖閣召對辦事已正外務部帶領韓使朴齊純○○8賞憲書見面磕頭
覲見午初散直下午到外務部美康使會侯晤酉初回寓
翁筱山方伯起復到京在寓候晤未及多談即赶城
初二日晴 入對8勤政殿午初一刻散直惲玉臣福麟戶部小
京官荊性成同見惲係次山先生之孫荊乃拔貢朝考門生
也外務部接湘撫急電辰州教案務將大赳波瀾即到署
會商速結之法事當萬不得已真出於無可如何仍惟有兩
害取輕而已噫 賞蘋果兩大盒二百枚 木瓜兩大盒四十枚

丹綢十卷餘々
宋品八盒亦破
入荒也

初三日晴 巳正二刻散直回寓小憩申初挈五四兩兒赴園

初四日晴 午初散直丁巡卿翁筱山許子純先後來晤丁由桂撫
調晉許新授湖北鹽道又見客兩起 前武定州左肇南分省知府楊紹陸逢辰蓬海々子

○換毡冠絨領

初五日晴 入對四刻午正散直答丁巡卿見客三起一璞科第一戚彭春頤杏孫
々姪一李佛畱異祥寐李仲雲世丈々子湖北道員 賞絳色五綵
又李文陔輔盡仲丈々姪分省補用知府擬指河南
蟒袍面一件大卷袍褂料四卷袍三褂一條88萬壽賞

初六日晴 見面磕頭巳正三刻散直吳子脩太史慶坻銷假到京

留同午膳約康民来商件 皇太后賞 御筆設色牡
丹堂幅
初七日晴 花衣第一日卯正二刻入對辰初二刻 皇太后進
城詣 壽皇殿 站出班後暫散未正三刻 皇太后還園
站進班回寓見客一起黄希尚望之
初八日晴 已初入對 賞聽戲先是定初十十一三日 賞聽
戲王大臣連外廷一品共四十七人本日乃係 特賞酉正
二刻始散

初九日晴　辰初入對。三刻入座聽戲。酉初三刻散。直南書房

徐頌閣、張治秋、陸鳳石、鄭叔進四君子暫寓公所大门以

内，彼此往還，清談甚適。厚葊、地山下榻寓之齋。

初十日晴　皇太后萬壽。卯正入對。辰初二刻穿朝服隨同　皇上　排雲殿行禮。来

往　賞　坐船。辰正入座聽戲。未初至直廬小憩。酉初二刻散戲。又

賞　排雲门觀燈，王公大臣均侍立。燈事畢　賞　至後殿瞻仰

並　賞　元宵。吽散已戌初二刻矣。

十一日晴　辰正入對。二刻入座聽戲。午正仍至直廬小憩。盤子

賞如年例酉初三刻散戲鄭姊進頤談　同兒進城

十二日晴　辰正入對又　賞戲兩天祇　御前四王禮慶肅那及軍機四人除早晚兩次　賞飯外竟日危坐至酉正一刻始散非常　恩寵亦殊不易任受也視伯將回南明日進城彼此往還即以話別

十三日晴　見面後辰正二刻入座聽戲酉正二刻始散本日學相舊恙大發未入直　偶患腹瀉尚無所苦　四兒進城

十四日陰大風　巳初入對午初散直見客三起　文蔚亭丞新選保寧府何秋岩彥昇隨辦

商約委員夏穗卿曾佑安徽祁门縣 伯葵到京明日請8安下榻寓齋

十五日晴 辰正二刻入對巳初二刻散直梁振東誠 出使美國辭行又見客三起朱菊尊恩紱祝鉅峰維垙王子良爲幹 下午偕子玖問榮相病將向愈矣 伯葵本日請8安奉傳明日遞牌子

十六日晴 巳正散直伯葵見起下來即進城錫清弼良由豫撫升熱河都統到京來晤又見客五起饒楨庭士端易實甫莫繩孫李經楚任棣臣寅子谷晉孫先後來同午膳後即回城

十七日晴 巳初三刻散直見客四起張士翰王小東會釐柳器存大彝葛吉皆學議自嘉定来

榮相病又蔓延仍未能入直

十八日晴 入對四刻巳正三刻散直黔藩部寶孚積誠到京來見

慎默寡言君子也奉天委員辦理交涉徐芙卿鏡第李品三席珍同見

陸勉齋懋勳來京候散館略談家鄉近事

十九日晴 入對三刻巳正一刻散直新授長州府劉仲魯若曾

來見又見客多起 張燕謀 孫鍾祥 柯鴻年 夏穗卿 厚奔

李佛翼 馬佩琮 祝維挑

引○○見御史初次抬轎也來寓午膳後進城先太夫人忌日忽忽三十九年矣

二十日陰 巳正散直午後偕滋玖兩公往看榮相久坐今放湖北

道吴康侯方伯犖邦刑部主事史康侯履晉先後見

二十一日晴 換洋灰鼠褂入對三刻巳正一刻散直丁巡卿中丞来談山西教案

又見客兩起李瑞清劉兆桐 伯棠夜談明日請8訓 甲同兩兒来

二十二日陰 午初二刻散直伯棠辭行以五品卿充日本游學生總監督

二十三日陰 又見客一起 午初散直夏地山辭行隨使美國晏誠卿振恪自天津

来久談許子純涵度新授湖北鹽道謝8恩見面8諭令

領憑後再遞牌子亦曠典也

二十四日晴 巳初三刻散直見客兩起開復江蘇候補道莫仲武繩孫迴避對調江西饒州

府衙 午後偕子玖往看榮相再養三四日可以入直矣廣生
良自天津来下榻寓齋述津门近日情形令人有今昔之感
二十五日晴 午初一刻散直伯棠有事到園膳後進城見客三
起曹夔卿易實甫潤子如璋 又李蘭生之子李瑞清
桂月亭之子隨伯棠赴倭 庶常来見
二十六日陰 巳正三刻散直見客一起 李藝淵
二十七日陰 午初散直子谷偕孫同鄉仲華曲農部 榮枝来晤現因視
伯回南擬請仲華授四五兩兒讀又見客一起 湖北知府程子大頌萬 伯翰之弟
本日換白風毛一套 外務部帶引8見 沈曾植補員外

二十八日晴　巳正散直邵寅孚辭行接楨兒電本日自杭動身

回京　四五兩兒進城

二十九日晴　巳正二刻散直見客三起鄧艸穎考亮係良成之子楊朗軒來昭晏藹餘宗慈係誠卿之子

三十日晴　巳正散直奎樂峰　俊文卿川督到京晤談一切本日

奉〇〇皇太后面諭冬月十六日還海　榮相病又反覆

十一月初一日晴　午初散直王子良夏穗卿裴維信先後來見二

孫壻李徵五厚禧以道員分發湖北二孫女隨同到京省視本日

進城子谷来湖〇〇賞福壽字 本日起穿貂褂亦向例也

初二日晴 見面磕頭謝〇〇賞福壽字午初二刻散直見客二起余思詒孫步川錫祺偕同人候榮相精神氣色將次如常矣

初三日陰 賞燕窩見面磕頭午初二刻散直見客二起陳同書薛清瑚錫

初四日晴 入對四刻巳正三刻散直朱慎初李瑞清先後来飯後即進城 午前微雪積不及寸而彤雲密布雪意正濃也

初五日雪 巳正二刻散直自子刻見雪起繽紛竟日约得六七寸政足喜也

初六日晴 榮相銷假午初散直錫清弼汪範卿先後來談
天氣驟寒節候甚正
初七日晴 午正散直四兒帶同二孫壻來見人頗大方有器局 楨兒
挈晉孫来蓋昨日傍晚回京也本日面奉 懿旨榮玉鹿瞿
均着加恩在 頤和園宮门内乘坐二人肩輿欽此當即碰頭
謝 恩 並聲明請嗣後遇 賞戲 賞游之日謹當遵 旨乘
坐平日仍未敢乘坐也
初八日晴 巳初三刻散直甘肅明保知府楊昌臣 增新 来見 楨兒

挈晉孫回城

初九日晴 入對三刻巳正二刻散直丁巡卿調署滇督來談沈仲禮自天津回述開平事頗詳

初十日陰 賞大卷江綢兩疋年例折皮張賞見面磕頭午初散直見客二陳同書趙童文漢

十一日晴 巳正一刻散直袁慰帥到京晤談一切王子良為斡辭回山西堯圃琴軒先後來商件李葊下榻寓齋

十二日晴 巳正散直答袁慰帥看鹿滋翁因病請假見客三起張燕謀

婁楙繆石逸延福以　三四兩兒来
生知縣分發陝西
十三日晴　午初二刻散直見客三起　錫清弼曹夔卿連仲
甫甲翰林院侍講廂白
滿豐潤　三四兩兒回城
屯居
十四日晴　午初散直陳玉雨蒼自○○西陵回京来晤
十五日晴　巳正散直竟日無客畧檢行李甚覺閑適
十六日晴　辰初二刻入對○○兩宮還海甸班恭送回寓早膳後
進城家務雜沓殊苦煩瑣
十七日陰　巳正三刻散直翁筱珊来晤到外務部

十八日晴大風 巳正二刻散直午後偕子玖琴軒答拜比使姚
士登法使吕班 俄署使柏蘭蘇 英署使壽 訥理 該使等
接任時均曾函請會晤答以現有8頤和園差使俟
進四城再當回拜云 竟日大風早間尤甚嚴寒 殆不似可支
上年無此凜冽也
十九日陰晴 午正散直今日風定雖嚴寒不減於昨尚易任受
本日朝審勾到刑部秋審處報本年京城及各直省五
次勾到共勾四百一十人

二十日晴 午初散直丁巡卿辭行赴滇晚间兒孫輩稱觴
祝壽孫女適有四人在京益臻熱鬧亦家庭盛樂之事也
二十一日晴 作為七十三歲誕辰親友賜賀者絡繹於道殊可感也
皇上回宮齋戒見面述○○旨後仍進內候○○旨午正散直本日
同直諸君先經面辭而仍在駕尤不安耳
二十二日晴 巳正述○○旨新任法公使呂班帶領○○覲見如儀散直後
東華門外就近謝步下午到外務部接慕韓電已
於十七日安抵巴黎十八日接受使篆
二十三日晴 巳初二刻散直新選德安府盛夔臣昌頤來見

杏孫〻長嗣也上燈後行冬至祀先禮

二十四日晴冬至令節 見面磕頭蟒袍補褂 巳正散直孫女輩以難得到

京適當壽日必欲聽戲不便固拒本日演福壽部不請外客

部院堂司中面約數人亦有未約自來者居然音樽候教

也亥初先睡

二十五日晴大風 卯正三刻入對辰初二刻　太后御　皇極殿受賀

辰正二刻　皇上御　太和殿受賀均行禮如儀穿朝衣本色貂褂

是日仍演福壽部

二十六日晴 午初二刻散直祝那琴軒太夫人壽回寓小憩到外務部璞科第偕蒲羅他協福来見酉初仍至琴軒處聽戲榮相肅邸同席戌正歸

二十七日晴 午初散直詣禮邸謝步下午到外務部法吕使来答拜是日上房請女客演玉成部 得葛樸伯報味荃以老病作古少年朋輩彫傷殆盡矣噫

二十八日晴 巳初入對巳正述旨美康使挈其提督麥勒恩覲見帶領如儀午初二刻散直上房再演玉成部一日

是日榮相足疾又發未能入直

二十九日晴　康使夫人挈同麥提督夫人　覲見　太后巳正述旨後詣　寧壽宮帶領照料　賞膳後　太后御　頤和軒親揮　宸翰書福壽字十餘幅分賞康麥等中外同瞻咸深欽仰退直已未正二刻矣

三十日陰　午正一刻散直美康使招飲酉初赴之座有麥提督我華王大臣則醇慶二邸振倫兩貝子琴軒春卿雲楣也子玖感冒未到　榮相請假五日　是日見客兩起瞿子濬鴻錫

黄望之希尚子濬現官黄平州牧子玖之胞兄

十二月朔日晴 巳正先散内閣京察過堂仲華筱峯頌閣均在假惟余與燮臣受之三人到班午正二刻竣事○候選直隸州劉士熙鏡人来見（寶山劉家行人）係吉林黑江兩将軍明保送部引見曾在同文館肄業年力正富氣宇亦好洵有用之才也

初二日晴 午初二刻散直偕滋玖詣阿那肅三邸道婚嫁喜順道謝步三數家歸途到署小憩午膳

初三日晴 午初散直問榮相病並商定内閣京察等第坐久之

馬景山辭行又戶部涵　玫炳見　是日西國元旦因之日本亦

初四日晴　巳正散直內閣京察拆封侍讀一等滿三缺費壽恩佑潤昌漢二缺王繩匯湛森是日赴各館拜年在外務部會齊慶邸琴軒同翰吏禮刑理各衙门為第一起余與子玖春卿同戶兵工都為第二起共十處自午正至申正畢可謂窮日之力矣

初五日晴　穆宗忌辰卯初詣壽皇殿隨同行禮禮成入直巳正一刻散直天氣寒甚　榮相續假

初六日晴　午初二刻散直下午到外務部法參贊甘司東來

初七日陰大風　巳正二刻散直外務部京察過堂當即宣示一等四缺滿漢不分樸壽雷補同奭以鏞周儒臣

初八日晴　入對三刻午正散直下午道赫揔税司新禧順赴德國醫院看彬孫並為兩醫官道乏　彬孫先於三十日赴醫院治腿疾初一日取出壞骨一塊長約二寸圍約五寸餘並腐肉許多醫者謂須在彼處住六禮拜必可步行回家但願其言之果驗也　賞臘八粥並福胙　太后昨在宮內祭神　見面磕頭

初九日晴　巳正三刻散直桂月亭少農來晤又見客二起河南候補道胡翔林徐雲楣長嗣湖北鍾祥縣徐性臣嘉禾到外務部均明保引見浙江候補知縣白曾蔭解餉來京

初十日晴大風賞藏香黃紅各二十枝見面磕頭午初二刻散直感夔臣黃望之均辭行又見客二起伯葵來談徐芙卿辭回奉天又甘肅候補知府楊增新是日徽五引見以道員分發湖北外務部帶引見

十一日晴　午正一刻散直下午同榮相病十五假滿可以入直矣到外務部

十二日晴　午初二刻散直寒素戚友每屆歲闌小有將意

今日無事均分别致送訖明知博濟為難亦聊盡我
心而已
十三日晴 午初散直見客多起 宋廷模 施有方 張繩祖 前貴定縣朱廷勳過班知府 明保道員楊以昭新 選部武府彭見紳
十四日晴 午初三刻散直到外務部英署使壽訥理會晤
十五日晴 午初散直榮相遣嫁姪女賀賀順道答客
十六日晴 8賞福壽字見面磕頭本日事多引○○見單
十二件請○○旨摺片十八件向來不常有也午正一刻散

直祝胡雲楣生日聽戲數齣　是日俄歷元旦

十七日晴　榮相銷假入對三刻午正二刻散直是日赴俄國館

拜年退直已遲不及回寓一徑到署申初事畢到家

小憩三刻雲楣又邀請聽戲酉初赴之與姜漢卿景東

甫同席戲甚好戌正始歸

十八日晴　午正一刻散直見客松鶴齡壽交卸熱河都統回京来

晤伯葵過談又見客數起李士鉁楊增新朱廷勳岑澍

森岑係鎮遠鎮岑潤〻〻子来

京考　為彬孫治病〻兩洋醫来回拜言病情日有起色必

痊生

可得手神情欣忭之至當可信也

十九日晴　年節例賞尺頭大卷三　袍二　褂一　帽緯一匣見面磕頭入
對四刻浙江有蠲緩恩旨承旨後磕頭墊不下　午正散（封之菱枝）
直鍾六英僕少作古其家邀請題主申和赴之襄題為張
振卿少宰英麟徐侍御埥暨陶杏南大均其一人未及通問禮成
而歸順道看頌閣少坐　昨為山東學政尹（佩之）銘綬劾以私函請託有旨交部議處尹即伊甲午會
總所取
士也

二十日晴　午正散直周瀚如方伯浩到京來晤久談到外務部

二十一日晴 巳正二刻散直 荅松鶴齡談 童瑶圃 德璋 新授蕪湖道来見 又見客數起 徐嘉禾 唐宗愈 王作霖 下午挈同兒坐車往看彬孫 精神頗好 果然是日有起色矣

二十二日晴 入對三刻五分 午正一刻散直 桂月亭 林稚梅先後来晤 月亭新授倉場侍郎 張季端修撰 建勲銷假到京来見 述粵西事甚詳 朱慎初委署涑水 楊朗軒来 昭赴奉天 劉士熙 鏡人 赴吉林 均見 本日散直後 恩賞尺頭四 大卷 袍三 褂一 貂皮

六張

二十三日晴 ○○慈聖賞福壽字松壽大字直幅執沖含和匾額見面磕頭已正二刻散直見客二起 易實甫昨放右江道向謝○○恩禮節 鄭沅姊進論徐尹近事到外務部

二十四日晴 午正散直周瀚如易實甫先後來晤本日均有起 周請○○訓易謝○○恩 黃小東會釐告知得京察一等○本日翁筱山放浙江布政使 誠果泉升皖撫遺缺

二十五日陰大霧 ○○皇太后賞○○御筆紅梅直幅見面磕頭午正二刻先散到外務部 比使姚士登會晤○頌閣處分部

議革職加恩改革留尹佩〻部議降三級調改降留

二十六日晴　入對四刻午正散直筱山本日謝8恩見面後来晤久談奏對甚稱8旨也又見客三起安徽候補道石姓治鎮筱秋有信極稱其能前廣西思恩府余誠格服闋起復又候選同知吳質貞卿桐林四川敘州府人商於南洋於新嘉坡商情極熟近向慶邸條陳商務極為贊賞

二十七日陰　見面磕頭謝荷包8賞昨散直後8賞下　午初散直到外務部和署使羅敦辭行回國又俄署使柏蘭蓀會晤

二十八日晴　花衣第一日見面磕頭謝○○賞鱘鰉魚吉林貢品　巳正二刻散直

榮華甫霈来見新授蘭州道軍機戶部 夜年節敬 神

二十九日晴 巳正一刻散直料理年務衆碌竟日

除夕晴 賞龍字並荷包手巾見面磕頭午刻 慈寧

宮行辭歲禮 賞天下太平四字春條又荷包一內盛小銀錠二午

初二刻散歸是日見面仍穿蟒袍貂褂辭歲換補褂上燈後

祀 先適前一日領到 皇上三旬萬壽 覃恩正一品

誥命四軸二十六年三月十二日 恩詔 敬謹供奉 行叩賀禮